# 如何设计教学细节

## 好课堂是设计出来的

[美] 詹姆斯 · M. 朗（ James M. Lang ） 著

中国青年出版社

**图书在版编目（CIP）数据**

如何设计教学细节：好课堂是设计出来的 /
（美）詹姆斯 · M. 朗著；黄程雅淑等译.
—北京：中国青年出版社，2018.1
书名原文：Small Teaching: Everyday Lessons from the Science of Learning
ISBN 978-7-5153-4915-2

Ⅰ. ①如… Ⅱ. ①詹… ②黄…
Ⅲ. ①课堂教学-教学设计 Ⅳ. ①G424.41

中国版本图书馆CIP数据核字（2017）第224974号



**如何设计教学细节：**
**好课堂是设计出来的**

**作　　者**：［美］詹姆斯 · M. 朗
**译　　者**：黄程雅淑　林文静
**责任编辑**：肖　佳　范苗苗
**美术编辑**：靳　然
**出　　版**：中国青年出版社
**发　　行**：北京中青文文化传媒有限公司
**电　　话**：010-65511272/65516873
**公司网址**：www.cyb.com.cn
**购书网址**：zqwts.tmall.com
**印　　刷**：大厂回族自治县益利印刷有限公司
**版　　次**：2018年1月第1版
**印　　次**：2025年8月第10次印刷
**开　　本**：787 × 1092　1/16
**字　　数**：195千字
**印　　张**：15
**京权图字**：01-2016-4499
**书　　号**：ISBN 978-7-5153-4915-2
**定　　价**：59.00元

# 目录

CONTENTS

# 目录

CONTENTS

# 目录

CONTENTS

## 目录

CONTENTS

# 目录

CONTENTS

INTRODUCTION

**第二版序言**

# 给教师提供<br>轻松教学的设计方案

每年到12月底，全世界人民都下决心要改变自己的生活。1月1日标志着一切都是新的开始：新习惯和新态度，成为好人的新方式，解决问题的新途径，以及戒掉困扰我们的不良嗜好。我也是这些人当中的一名，尤其喜欢下大决心。我太喜欢下决心了，所以不一定非要在新年伊始这么做。妻子跟我生活多年之后，她知道我有这样的习惯，所以她现在害怕这样的时刻：每当她安静读书的时候，我忽然找她搭讪，兴高采烈地宣称："我有一个不可思议的想法——这个想法会改变我们的人生！"她翻了翻白眼，听着我的提议，点头微笑，然后回头读她的书。她之所以有这样的反应，是因为我作出的重大决定一般持续到下一个决定出现，然后我就去告诉妻子上次作的决定很愚蠢，但我现在的这个想法真的很棒。

每年12月和1月关于新年计划的文章接二连三地发表，作出的决定超出自己的注意力和耐心，这样的人我不是唯一一个。这些文章几乎都说同一个内容：如果你想坚持自己下的决心，从小事开始做起。

你可能心里有远大目标，但如果你想实现这个目标，你得通过实用的、可掌控的策略来付出努力。2021年1月初，这些文章当中有一篇指引我去看B. J. 福格的作品，他是斯坦福大学行为设计实验室的主任。在他的著作《小习惯：改变一切的小变化》（2020）中，福格认为如果一开始我们从自己能够想象到的最小分量做起，然后慢慢增量，那么这样我们最可能为我们的人生带来真正的改变——比如，假如我们想发展自己上身的力量，我们可以在煮咖啡的这段时间做两组俯卧撑，计划是每天都这样做两组——因为从这么小而能够把控的事情开始做起，我们开启了这个习惯，这个习惯可以不断拓展，直到我们实现自己更大的目标。福格认为，如果我们能够把这些新习惯固定在日常的行动和时刻（每次煮咖啡的时候就做俯卧撑），并且每次完成我们想做的事情就庆祝一下（甚至可以是哪天做俯卧撑的时候暂停下来祝贺自己），那么我们的新习惯更可能坚持下来。我读了福格的书之后受到很大启发，所以立马告诉妻子自己刚刚读了很有趣的书，而且对于如何坚持我们的新年计划以及改变我们新年的生活有一个很棒的想法。妻子说她没做什么新年计划，对我点头笑了笑，就回头读她的书。

尽管我那不算小的人生计划从长远的角度来看没让我收获多少，但每隔几年我都能够完成一项非常大的任务：把某个想法转变成一本书。当然，这件事我也没有一直得到很完美的评分。我做了很多计划写书，但很多都没写完。不过，偶尔会有很棒的想法浮现鼓舞我坐下来，开始打字。2014年1月，我那失败的新年计划可能还在我大脑里记忆犹新，但我还是在日记里写下了这段话：

今天约赛巴斯出版社的图书项目有个很棒的想法：5分钟干

> 预或在边缘教学……即在传统课堂做简短的干预从而让学习最优化。因此，教师没必要从头开始重新思考教学。根据好的认知理论，他们能够作出5到15分钟的干预，让学生投入课程的学习并提升他们的学习潜能。

这段简短的文字成了种子，让《如何设计教学细节》开花。本书在2016年春第一次出版，现在是第二版。我不确定我的其他书是不是从开始到结束都如此贴近它们最初的理念。上面这段话精准地描述《如何设计教学细节》这本书最终问世，而且仍然确切体现我希望这本书能为读者做的：应用来自学习科学的研究，指引教师对自己的课堂作出小小的、实用的改变，以此促进学生的学习。

这本书受到读者的喜爱是我人生中最大的惊喜之一。这本书的销售量比我其他书加起来还要多，而且好像每学期都能找到新读者。我已经收到来自世界各地大学成百上千份的邀请，去给他们的教师做关于本书的讲座或开展工作坊。关于设计教学细节的途径，我给《高等教育纪事报》写了几个系列的文章，这些专栏是我写过的文章里阅读量最大的。尤其是其中一个专栏——如何关注课堂前5分钟的有效教学——特别受欢迎。我经常在社交媒体看到这篇文章，因为有新的读者学习使用后发现，开始上课时这关键的几分钟能够释放潜能。在2019年秋，我们出版了续集《如何设计线上教学细节》，该书大部分是弗劳尔·达比写的，她是教师职业发展专家，对线上教学做了多年的研究和实践，这使得她能够把设计教学细节应用到线上课程。随着《如何设计线上教学细节》的付梓，我们也终于定下《如何设计教学细节》第二版的修订计划，即给小学和中学教育者的《如何设计教学细节》。

轻教学策略在课堂的应用往往被设计成两种不同的方式吸引教师和机构。首先，我想给教师提供他们能够掌控的途径来提升教学成效，因为多数教师在他们的职业生涯和个人生活中要做的事情已经够多：教多个班级，为委员会服务，做自己学科的研究，往返不同校区，带孩子，照顾父母，倡导社会正义，在新冠疫情中存活下来，诸如此类还有更多。他们也很想深入挖掘关于教学的研究资料，但没时间、也没精力做。我试着确保这本书提及的所有技巧，教师不需要过多的准备或评估时间就可以实践。我希望在开学的前三天读《如何设计教学细节》或参加我某个工作坊的教师，仍然能够找出一到两种新的教学策略应用到他们当前学期的课程当中。但进一步说，我希望即使在学期的第五周或第十周才接触这本书想法的教师，仍然能够在课程结束之前发现一些新的想法和学生一起尝试。

其次，我希望这些易于应用的教学策略对学生的学习、表现和掌握学习内容有强大的积极影响。在我自己的教学生涯中，我见证了自己对课程做出的小小变化是如何体现变革的，比如，可以让一门变得没新意的课程焕新，或者让学生完全改变态度、积极学习课程材料。你在第四章将读到的关联笔记本是我最近自己教学的最佳例子。这些关联笔记本，不需要占用很长的课堂时间，而且我也不需要一直打分，然而每年在我教的文学概论课上使用这些关联笔记本都转变了我教的这门课。通过这些笔记本，学生能够在他们的人生和他们在课程阅读的英国诗歌之间创建更深层次且更有意义的关联。他们经常在课程评教表上写这些关联笔记本对他们的学习很有帮助。

为了确保我推荐的轻教学策略有积极的影响，这些策略都遵循我在高等教育教学研究中遇见的某个原理或理论。这些原理成了本书各个章节的基础，让我能够系统化推荐改变课堂教学的轻教学活动。当然，我对这些原则的思考已有5年之久，这也是促使我现在修订这本书的一个主要原因。因此，你可以在这本书中找到的最大变动是：对第一版两个章节的完全修改及重定框架，其中一个是第一部分的章节，另一个是第三部分的章节。

本书第一版“自我解释”这一章的理念是学生完成某项学习任务时，把自己的学习内容说出来或写出来，可以加深他们对学习内容的理解，该章也呈现支持这个理念的研究。过去5年，我针对本书的不同原理开展工作坊和作讲座，我注意到有些教师对“自我解释”这一章特别有共鸣，尤其是教的学生属于比较个体化、技能型场景，比如表演艺术或医学临床实践。这些场景之外的教师，对于如何在他们的课堂融入“自我解释”这样的做法，感到比较麻烦。随着我反思“自我解释”这个做法，以及如何让它变得有用，我忽然想到一个主意：“自我解释”可以被当成“解释”这个更广泛的行为的一个特点，然后把这一章的两个模式移出“自我解释”的领域，进入更广泛的领域。因此，这一章之前叫“自我解释”，现在拓展为“解释”，章节呈现的模式是让学生对自己或同伴，甚至是外场观众大声解释自己的学习内容。第二部分的3个章节现在对教学策略的呈现就有了逻辑关联。当学生把课程内容和课堂外面的生活联结起来，练习在不同的语境应用新知识和技能，然后向别人解释他们对所学内容的理解，这样学习就深入了。当然，这最后一项活动实际上也描述了我们作为教师就是在向别人解释学习内容，而且我们都知道这样的教学实践极大地促进了我们自己的学习。这个真理同样适用于学生。

本书第一版的第三部分包含一个“成长型思维模式”的章节，这个理念是从卡罗尔·德维克对成长型思维模式的研究提取过来的。德维克和很多人发现，当学生相信他们的智力可以成长和拓展，而不是固定和有限的，这将提升他们学习的能力。比起本书提及的其他教学策略，成长型思维模式理论及其在不同年级的教育的应用，在学术界之外已被广泛地提倡和讨论。这个理论如此彻底地贯彻到教育领域，于是不可避免地引起一些人的抵制，这些人警告我们培养学生成长型思维模式不是什么灵丹妙药。固定型思维模式只是学生在学校努力迈向成功的过程中可能要面对的许多障碍之一，学生可能还要面对社会和经济层面的障碍，而消除这些障碍需要更深入的努力，进行政治改变以及经济改革。综上所述，我在德维克的理论及其在教育的应用中看到很多价值，并且我认为教师应该了解成长型思维模式这个理论。

同时，好些年的反思已经帮我意识到我真正想在那个章节传达的，是提升学生在课堂的归属感的技巧。他们作为学习者在课堂感受到归属，不管他们先前有什么样的教育经历，不管课堂外面他们遇到什么障碍，现在他们作为我们学习社区的成员，在课堂受到珍视，感受到归属。通过这样的视角理解，成长型思维模式仍然适合这个章节，因为持有固定型思维模式的学生可能害怕他们有限的智力导致他们不属于大学课堂甚至高中课堂。不过第二版的第七章，从原先的“成长型思维模式”重新命名为“归属感”，包括了其他提升归属感的策略，所有这些策略都建立在基于优点的教学途径这一理论基础上。我们经常看到学生的不足，看到他们缺什么就想通过我们的教学补上。然而，学生带着一系列不可思议的优点——从他们的知识到技能再到他们多样的生活经验和文化资本——来到我们的课堂。2020年全球新冠疫情引起我们重视的是，在课堂创建学习社区很重要。我相信，让学生感到自己属于课堂的教学策略，是培养这样的学习社区最有效的途径。

第九章，从原先的“课内外实践”重新命名为“让学习与社会联结”。在学习社区的环境中，学生应当学到更多未来走入社会后所必需的知识、认知和技能。新增的第十章，提出了一个观点，“教师也需要持续学习”，来继续专业成长。我希望将我的经验和体会说出来，并能启发你们，期待你们超越本书提及的教学模式，发展你自己的教学设计细节策略，这些策略将适用于你自己具体的教学语境和你独特的学生群。

本来我还想为本书做最后一个修改，但最终没有采用这个修改。就像我在第一版第一章前面举例解释的，轻教学这一概念最早是因为看了某项美国运动的两种版本（职业棒球和业余软球）受到的启发。在这个新的版本，我思考了很久，以另外一个方式解释设计教学细节的理念。原因是：第一，这本书在世界各地都有读者，那么倘若国际读者对棒球这项美式的运动不熟悉，用这项运动做类比也不能与这些读者共鸣。这个问题突显是因为我跟这本书的某个译者谈论的时候，发现他正为正确表达翻译该书的理念而绞尽脑汁。第二，许多学术界的人对运动不太感兴趣，可能觉得教学和棒球相提并论不是很令人信服。我不算是最热衷的体育粉丝，但我确实喜欢看一些运动的大型比赛，而且跟朋友和同事聊这些比赛也很开心。相反，我的一位同事朋友，每次在过道谈话的时候，一听到“球类运动”这个词就翻了翻白眼，径直回办公室。

尽管我不想由于提及轻教学策略的最初理念而把像我这位同事这样不喜欢运动的读者排除在外，不可否认的是在2014年夏天观看我女儿的垒球比赛，然后观看2014年世界大赛，这让我把2014年1月的日记转换成一本完整的书。这两个经历向我证明小改变可以产生大影响，而且鼓舞我写完整本书。因此，在本书第二版序言中，你仍然可以读到第一版序言对于轻教学理念同样的解说，即使你对“球类运动”描述的记忆早就消褪（当然，除非你是堪萨斯城市皇家球队的粉丝）。不过，读过第一版的读者可能注意到修订后第一章的“预测”这一小节的开篇故事已经改了。这一章的开头不再描述体育比赛非正式打赌产生的“学习”影响，我认为用我妻子给幼儿园孩子远程授课的经历引出这一章的概念是有效的，而且更直截了当地把该章的理念放置于教学语境。

从我的日记，到本书的第一版，到现在的这个修订版本，这本书的核心理念是保持一致的：我们设计课程、参加课堂训练以及和学生交流的时候，注意我们平日里作出的小小改变，这样可以提高教与学的成果。

我已经见证这个途径给教师和学生的人生带来的转变，现在邀请你和我一起践行。

INTRODUCTION

第一版序言

# 设计细节<br>让教学取得成功

不管作为教师还是学生，我们现在使用的教学或学习方法都不够高效，但只需在现行方法上做一些简单的改变，就会带来意想不到的效果。

——《超牢记忆法：成功学习的有效方法》

2014年10月，职业棒球大联盟的球迷们目睹了勇猛的堪萨斯皇家队打入世界系列赛的总决赛。引起广大棒球爱好者注意的是，皇家队在整个赛季成功的关键是运用了棒球运动中一种老式方法——小球战术。他们没让肌肉发达的强击手进行满贯全垒打，而是运用了简单、渐进式的策略，使用短打、偷垒、击打牺牲高飞球、肉搏防守等战术让全队保护跑垒者从一个垒跑到下一个垒，并阻止对方球队得分。与强力攻击致胜的全垒打相比，这种赛场上魅力稍逊的成功并不会为球员赢得喝彩，但对于通过协调、有效的方式采用小球战术的球队来说，他们也不需要那种戏剧般的英雄主义。其实，已有一些棒球分析员指出，皇家队以相对较小的代价赢得胜利，这样的成功模式将会成为棒球运动未来发展的方向。《时代周刊》的专栏作家肖恩·格雷戈瑞这样写道：“皇家队已经找到了赢球的方法。如今，如果想要全垒打，很容易被三振出局。所以，倒不如先保证不出局，再用双腿去争取机会，靠偷垒来弥补跑垒上的不足。小球战术代价小、效果明显，是棒球比赛的发展方向。”正如文中所说，小球战术的一大特点就是代价小却效果明显，因此人人皆可使用，即使是花钱请来强击手的球队仍然可以使用小球战术。比如世界系列赛总决赛中，资金更雄厚的旧金山巨人队利用皇家队一样的战术，在三次跑垒中两次通过牺牲高飞球得分，打败了皇家队。

相比2014年秋天堪萨斯皇家队的故事，我接触小球战术的故事则略显平淡。我有5个孩子，我们一家居住在新英格兰的一个城市，这里的人们痴迷于棒球，所以15年来，每年春末，我都会有两个月坐在冰冷坚硬的金属长椅上看我的孩子参加各个级别的棒球和垒球城市联赛。我的孩子们在一个久负盛名的俱乐部，那里的许多教练小时候都打过联赛，也许是为了重拾儿时的辉煌，他们对比赛非常重视，因此，他们每年都会从更年轻的俱乐部里物色、选拔最优秀的球员加入他们的队伍，而其他新手教练则只能在他们挑剩的球员中选人组队。然而，尽管这些好胜的教练在选拔顶级球员上赢得了优势，他们的球队却不是无往不胜。不论是在小俱乐部还是大联盟中，教练不仅自己关注也让球员关注如何把握比赛的所有细节，这样的教练往往才是最成功的。推崇小球战术的教练会在内场手在内场任意投球的时候示意跑垒手偷垒，或者确保在一垒手失利的时候有人能够及时补救一垒。在一个由8岁左右小孩组成的垒球队里，不可能有人可以完成绝佳的全垒打，小球战术自然成为保证长远成功的唯一策略。

一次漫长的垒球赛季末，我正为秋季的一轮学院访问做准备，以此推广我的上一本书《作弊：学术诚信问题的反思》。这本书关注如何在高等教育减少作弊、提升学术正直。当我第一次针对这个话题做展示的时候，我很开心传授给在职教师一些可以给课程带来主要改变的方法。遗憾的是，我通常是在学期中进行访问，这就意味着参加研修班的教师只能等到下一学期才能实践学到的方法。因为大家一般1月或8月就已经做好课程计划，开学后就想着各种教学任务，然后在10月份参加两小时的工作坊，之后即使大家有意让自己的教学焕然一新，也会发觉把所学内容付诸实践颇有挑战。更主要的是，在教学上进行突然而剧烈的变革是一项浩大的工程，一些教师本来工作任务就很繁重，这对他们来说又是一项艰巨的任务。我自己也是一名在职教师，每学期要担任文学及写作的教学任务，所以我对这一挑战的艰巨性深有体会。即便有人像我这样常觉得对教学进行彻底改革迫在眉睫，大多数情况下也没能做到。彻底对课程进行重新计划需要耗费很多时间和精力，而学期中的教师恰恰没有那么多时间和精力，在学期之间的假期又要忙着做科研。

我开始思考如何解决这一困境。能不能在研修班中多介绍第二周甚至第二天早上的课程中就能即学即用的课堂活动呢？这样教师们就不必对教学进行大规模整改，也就不必感到为难。也就是说，教学中能不能运用小球策略呢？带着这个想法，我开始以全新的视角研读教育教学方面的文献，寻找便于实施且有研究依据的小球策略。在数月的探寻过程中，我研读了研究人类学习过程的认知心理学著作，然后读了神经学家和生物学家的文章，这些文章帮助我了解一些基本的脑科学知识。我还查看了一些学习机制相关领域的研究，如关于情绪和动机的研究。我惊喜地发现，这些领域有许多学习原理可以运用到课堂上。有了这些理论基础后，我逐步探索如何将这些原理运用到课堂的教学实践中，并向参加研修班的教师们推荐一些自己新发现的教学策略。我能感觉到，当这些教师意识到当天下午参加完研修班，马上能对第二天早上的课程做出具体、积极的改变，都异常兴奋和精力充沛。当我把自己探索的一些策略应用到课堂教学并获得成功，没什么比这更让我感兴趣和兴奋的。那年的秋季学期，我一边教学，一边与其他教师探讨这些想法，我开始相信一个貌似矛盾的观念——通过循序渐进的小改变，可以实现教学法上的根本提高，就像通过偷垒和打牺牲高飞球可以赢得世界系列赛冠军一样。

这个新发现的想法最终形成了“轻教学”这个概念。“轻教学”旨在通过对课程设计和教学实践进行微小而有效的修改来推动教育的积极改变。轻教学这个策略实际上已经得到充分发展，它源于针对学习机制和课堂教学的研究，提供设计精良、结构清晰、循序渐进的方法让我们的课程教学做得更好。过去的几十年里，越来越多的研究揭示了人类的学习机制，从事这些领域研究的新一代学者开始将关于记忆的实验发现和认知学的研究结果转化并运用到当今的课堂中。他们的研究结果日益表明：在课程设计、课堂教学或与学生的沟通方式上的微小改变也足以带来很大影响。当然，也有一些研究提出课程需要巨大改变才能带来变化，这一部分我将会在本书的最后一章说明。但是，如果我们力图促进学生更好地学习课程内容，提高他们的写作、口语和批判性思维等基本知识技能并让他们为未来的成功做准备，那么我认为，我们一定能在轻教学中找到相应的教学方法，既能为大多数在职教师所用，又能对学生行之有效。

在职教师得以广泛接触意义重大，尤其是在当今高等教育多样化的语境下。工资低且过度劳累的兼职教师也应该跟研究型大学的终身教授一样可以接触有潜力促进大改变的教学创新。这些教学创新在小型人文艺术学院和综合型大学都可以践行。这些教学创新也能给大教室的传统讲师以及小型研讨会的讨论提供素材。此外，我们在平常及疫情期间都能用上这些教学创新。总体来说，本书列出的活动可以达到以下效果：只需少许的创意，这些活动就可以被运用到高等教育任何教学环境中，从大课堂教学到小型研讨会，从面对面教学到网络教学或任何形式的混合教学。这些活动以人类学习机制的基本原理为基础，所以适用于任何学科的任何教学内容，不论是教学生记忆知识点或公式，还是提高他们的学习技能，或是教他们解决复杂的问题。由于教学场合、科目和个体的不同，教师不一定能用上本书提到的所有轻教学活动，但至少能用到其中一些活动。明天早上或下周五的课堂上、下次的课堂测试设计中，甚至你下次给学生写邮件（本书的最后一部分将会提到这一点），都可以用上这些方法。

为了确保这些方法得到广泛的使用，并且在轻教学的范畴里赢得一席之地，本书介绍的学习原理必须符合以下三个标准：第一，这些原理都要建立在研究学习机制的科学理论基础之上。幸运的是，过去的一二十年里，许多研究学习机制的科学家们把这一领域的研究成果以通俗易懂的方式呈现，如此像我这样的非专业人士也能明白。诸如丹尼尔·夏科特的《记忆的七宗罪》、丹尼尔·威林厄姆的《为什么学生不喜欢上学》和彼得·布朗、亨利·罗伊迪杰、马克·麦克丹尼尔合著的《超牢记忆法》等著作展示了神经学和认识理论的研究成果，详细地向教师和学习者解释了其中的含义。自从我这本书出版以来，上述提及的这类书层出不穷。最近特别有名的著作包括帕特里斯 · M. 贝恩和普佳 · 阿加尔瓦的《强有力的教学：释放学习的科学》；雅娜 · 维恩斯坦、梅根 · 苏默拉科奇和奥利弗 · 卡维格利的《理解我们如何学习：视觉指南》以及约瑟华 · R. 艾勒的《人类如何学习：有效的大学教学背后的科学和故事》。所有这些作者都帮助我确认我这本书第一版用到的理论，并为第二版思考一些新的理论。

我所选的理论几乎都是经过各种不同的实验研究确凿证明的；这些理论来自神经科学家、生物学家以及心理学家的实验室。但如果把某个理论当成书中章节的名称，那么这个理论得满足第二个标准：在条件允许的情况下，至少有一些研究证明该理论在实验室外、在现实的教育环境中，比如对高等教育，也有积极的影响。换言之，我得看到出版的实验论述或质性研究证明这个理论对学生的学习、表现、掌握学习内容或幸福安康都有可以证明的积极作用。这个测试被证明是最难以满足的挑战：一些策略在我看来是可行的，或源自很有吸引力的实验，但最终由于它们不能清除这个基本的障碍而没能选进这本书。

最后，我必须亲身体验这些原理，要么是在自己的教学或学习经历中去体验，要么就是通过直接观察他人的教学或学习情况。也许有人会认为我过于谨慎，但我还是坚持让这些原理经过这最后的考验，这样才有十足的把握将它们推荐给在职教师。接下来的章节内容基本上都以例子开篇，在这些例子里我讲述了自己如何从我自己、我学生甚至我孩子的学习经历中发觉这些原理，希望这些个人事例能唤起你的记忆，让你回忆起它们在你自己的学习经历中产生影响的时刻。

假设一项教学活动符合这三个标准，它还需要具备轻教学范畴的可操作性。接下来，你将了解，轻教学的教学方法或活动一般通过以下三种形式之一出现。

- **精简的课堂或网络学习活动（5–10分钟）**

在一堂课中安排一些小插曲可以吸引或重新吸引学生的注意力，可以让学生快速参与进来，还可以介绍或总结新的学习内容，所以我非常推崇这种做法。即使一堂课的教学安排很满，你也一定可以抽出时间开展5分钟的小活动，这会极大地促进学生的学习。

- **课程中的一次性干预活动**

就像书中提到的“简短论述”的练习，“轻”的意思可以是“一节课中的一小部分”，也可以是“课程的一小部分”。也就是说，一些轻教学活动可能占用一整节课，但一学期只用做一次。

- **对于课程设计或师生沟通的小改进**

这些建议可能不是简单的10分钟或一次性的活动，但你也不用因此彻底重新思考课程，它们将启发你在安排教学进度、撰写课程描述、布置学生作业或批改学生作文上做一些细微调整或改变。

这三种轻教学形式都具备一个共同特点：教师的准备工作和评分工作都不会占用太多时间和精力。老师们都很忙，所以轻教学的这个特点对兼职教师来说尤为重要。他们可能需要在不同的学校从事多门课程的教学任务，或者承担额外的工作来维持生活。如果兼职教师可以在每天的课堂上运用多种多样的轻教学练习，就能将这些有效的学习活动贯穿到整个教学中，从而减少总体的备课时间。像“简短论述”

或一堂有目的的练习课这样的一次性活动只需少量时间备课和评分，当孩子生病、自己突然生病或精神状态不佳导致没有足够的时间备课，教师就可以将这样的活动作为备用方法运用到课堂中。

教师本来可能是为了填补课堂最后10分钟的空白或一堂来不及备课的课程而采用这些活动，然而它们的效果并不比你在焦虑中过度准备的教学内容差，甚至效果更好。对我来说，这就是轻教学的真正力量和潜力。希望接下来的内容可以向你证明，轻教学并不是实干教师采用的折中办法，也不是由于我们没时间或精力彻底改革教学而做出的次佳选择。书中有许多证据证明轻教学活动对各种学习产生促进作用，这些活动可以让学生的学习表现提高一个档次甚至更多。这些证据跟我在学习机制的研究中看到的研究证据一样有力，与《高等教育纪事报》和其他教育类出版物上那些有关彻底改革研究的头条文章一样掷地有声。

为了进一步证实对于忙碌的教师来说，细微而渐进式的改变会起到很大作用，这本书的每一章都从不同的层次和角度进行讲解，帮助你理解书中推荐的轻教学策略。通过完整阅读每章的内容，你会对书中提及的轻教学方法有深刻的理解。当然，如果你想得到快速、即时的帮助，也可以直接进入每一章后半部分关于实际应用的讲解。每一章的结构包括以下内容：

- **引言：**这一部分主要是一些实例，用来说明本章描述的特定学习现象在日常生活中如何出现。
- **相关理论：**这一部分深入讲解一些具体研究来支撑本章推荐的方法，还会描述实验室和课堂上的试验情况，并简要介绍试验结果或认知科学原理。

- **教学模式：**每章会有4—5个详细的教学模式，这些模式可以非常具体地描述教师如何把轻教学方法融入课程设计、课堂或网络教学及与学生的沟通中。本书第二版也包含第一版出版之后我了解的一些新的教学模式。

- **准则：**我希望教师不仅采用书中介绍的教学模式，而且可以领会总体策略从而开发自己的新模式，这些准则可以指导教师创造自己的轻教学策略。

- **即学即用小贴士：**用简短的语言提示你如何用最简单的方式将本章的轻教学策略运用到实际教学中。当你在课前15分钟急需快速的建议帮助你开展有趣的教学活动，可以浏览或重读这一部分。

- **小结：**最后是对本章提到的主要理论和策略的一些思考。

我希望大家第一遍读本书就能了解如何对教学做出一些有利于学生学习的改变。同时我也希望，读完一遍以后，你们还会长期使用本书。把它带在身边，时不时翻阅一下，或者当你觉得需要在课堂上尝试一些新鲜、不同的东西时，读一读它。让这本书激发你所在学校教师间的讨论，如何更好地帮助学生学习以及如何更好地促进高等教育的积极改变。最后，当你准备好进一步探索高等教育教学论著，并超越这些具体的推荐，回顾第九章的阅读建议来获取更多想法。我试着每个章节尽可能少列参考文献，因为我不想让这个领域的新读者觉得要读的材料太多或迫使他们从特定期刊里找文章。我在整本书试着论证关于轻教学的论点，向读者推荐对人类学习研究精辟分析或概述的著作。

本书每一章介绍的轻教学模式和原理可以单独使用，启发教师对于某一堂课或某个单元的设计进行一些创新，也可以结合使用，帮助你创造一套全新的教学方法。如果你读这本书时正好休假、没有教学任务，那么你可以尝试在下学期的课程计划中系统地使用书中三大部分的内容。但如果你是在学期中读这本书，先把注意力集中在具体方法的应用上。选择其中一种活动或课程调整方法，在这学期剩下的时间坚持做。一定要安排足够的时间开展这些新活动，让它们得以发挥作用。没有什么方法可以如我们希望的那样即刻见效，所以很多活动都需要反复进行才能产生效果，比如课程开始和结束时的预测练习。正如我在结语中提到，你们还应该找一些方式评估自己做的轻教学改革的效果，然后决定是否长期使用它。如果你们学校有教学研究中心，你可以去中心求助，他们会告诉你如何衡量教学中的某些改变对学生学习产生的影响。换句话说，轻教学带来的新的学习模式不仅会让学生受益，而且你也可以通过这些活动形成自己一套更系统化的教学方法，并认真思考如何实施、评估和改进各种可能运用到的教学策略，促进你在教学职业生涯中不断学习和成长。

但我们不应该操之过急，也不要对自己的职业生涯过于担忧。我想，你们明天或者下周一，或者至少一两个月内肯定要上课，现在一定在探寻关于教学的新想法。那么，先从小处着手吧！

SMALLTEACHING

第一部分

# 这样设计教学细节

# 知识记忆更扎实

1956年,《教育目标分类学(第一分册):认知领域》这本教育类图书一出版就引起媒体的广泛关注。作者本杰明·布卢姆是一名心理学家，他在书中阐述了教师可以用来指导自己的教学活动的一系列教育目标。虽然这本书的书名略显枯燥，但这本书提供的概念框架和语汇可以让教育理论家和管理者清晰地表述他们期待学习者在课堂上达成什么样的学习效果，这本书因此也被奉为经典。布卢姆将认知领域的教育目标分为六类：知识、理解、运用、分析、综合及评价。单从这六个目标的字面意思，我们不难看出，它们的复杂程度层层递进，从一开始静态的知识目标上升到更具创造性思维的综合与评价目标。实际上，这种分类如同金字塔，掌握知识位于金字塔的底部，评价或创造位于顶端。

无论哪个教师，在职业生涯的某个时刻，都一定看过布卢姆的这个金字塔图。不幸的是，这个图让许多教师曲解了布卢姆的意思。毕竟，一说到金字塔，你想到达哪个位置？当然是顶端。没人愿意待在金字塔底部，被上面不断叠加的目标压迫，永远到不了顶端。

正因为这样，一些教师认为学习基本知识和概念，或者帮助学生记忆基本知识和概念，甚至掌握学习步骤和基本技能，这些都太低级，而他们只热衷于金字塔更高层的活动，比如培养学生的批判性思维、教学生作出判断或创造新知识。尤其是高年级教师，他们往往想直接跳过金字塔底层的教学目标，或者委婉点说，他们往往认为低年级的教育应该已经帮助学生学会如何记忆知识，或者认为学生应该在课外掌握了知识，所以课堂上的时间应该专门用来进行高级的认知活动。近几年，这些教师又以谷歌搜索引擎的普遍使用为由，继续忽略布卢姆分类中的知识目标。他们认为，现在只需动动手指，就能了解关于世界万物的所有事实，教师们又何需辛辛苦苦地帮助学生记住这些事实呢？现在大家用智能手机就能查找事实。所以，让网络来帮助他们了解这些事实吧，而我们则可以把精力集中在利用这些事实开展更高级的认知活动。

尽管把教学生基础知识的责任交给低年级教师或谷歌来完成听起来很不错，但研究了大多数学生的学习过程和基本的学习习惯后，认知心理学家认为我们不能这样做。作为教师，我们的首要任务之一就是帮助学生掌握我们所教领域的丰富知识，如果做不到这一点，就会严重阻碍学生发展诸如思考、评价和创造等认知活动的能力。正如丹尼尔·威林厄姆认为的那样，只有当大脑有信息可以思考，你才可能对信息进行创造性的思考。他说："认知科学的研究表明，只有在掌握大量事实和基本知识的前提下，学生才能发展教师希望他们具备的分析和批判性思维能力。"也就是说，我们必须先了解事物本身，才能对其进行批判性的思考。如果大脑中缺乏可供使用的知识储备，我们往往就容易孤立地、脱离背景地看待（比如从谷歌中获取的）新知识，从而导致肤浅的想法。知识都是相互关联的，对知识间的关系了解得越清楚，我们越能进行批判性分析和创造性思维，不愿意花工夫去记东西的学生对一个话题的理解永远只能流于表面。

但问题远没有这么简单。学习新知识的时候，我们会进行思维建构，以便更有效地处理和组织下一组新知识，知识是基础。如果我们不花时间掌握一系列相关的知识，就不会拥有深入思考的架构。把布卢姆的分类描绘成金字塔形其实恰恰承认了这一重要原则，毕竟，没有位于金字塔底部的知识目标做广泛坚实的基础，就不可能达到顶端的创造性和批判性思维目标。正如威林厄姆所说："进行良好思考的前提是对知识的掌握与了解，这不仅仅因为你需要思考的对象，而且教师们最在意的，如论证和解决问题这样的批判性思维目标也是与长期记忆中积累的（而不是信手拈来的）知识密切关联。"在伊恩·莱斯利的著作《好奇》中，他认为这样的知识是我们认知的"隐藏力量"；这样的知识我们拥有越多，我们的思考就越有深度。

我们可以举个例子说明知识和思维密切关联：出庭律师在庭审期间，要通过迅速观察证人的表现和法官的反应进行辩护。我们可能认为，在这种情况下游刃有余、可以迅速站起来进行流利辩护的律师是一名内行的、有创造力的思考者。但如果仔细听她的论证，我们可能会听到许多事实：法律原则、其他著名案件中的例子、其他证人提供的证词等等。毋庸置疑，上面说到的这个律师从一系列事实中建立论点，展示她高超的认知和创新能力，但如果没有这些事实作为基础，她就不可能进行这样的思维过程。更重要的是，这名律师在多年的学习和法庭实践中逐渐掌握了大量事实，让她清楚自己在这场庭审中面临的情况，通过把这种情况与以前的案例和庭审进行关联，她更好地把握了这场庭审，也让她得以在下一次庭审中更好地运用批判性思维。同理，如果我在文学概论课上请同学们对一首浪漫主义诗歌进行批判性思考，相比只顾着看诗歌的内容并去谷歌上随意搜索一些事实的同学，深刻了解这首诗创作历史背景的同学一定会给出更精彩的分析。不管我们想教会学生什么样的认知技能，记忆事实资料都是必要前提。

我们也不能假想学生自己可以很好地记忆这些资料。实际上，对学生学习策略的研究表明，学习新知识的时候，学生常常会做出错误的选择，而且即使他们知道有更好的方法，依然会坚持错误的选择。在《超牢记忆法：成功学习的有效方法》中，作者布朗、罗伊迪杰和麦克丹尼尔描述了一个很有意思的实验。学生在这个实验中要学习如何辨识不同画家的作品特点，为此，他们有两种方法可供选择：将相似的画作分组进行学习（集中式学习）或者所有画作混在一起学习（交错式学习）。学习结束后，对他们进行测试。测试结果显示，选择交错式学习的学生表现更好，但这一结果好像并未影响到学生对学习方法的选择。作者在书中是这样描述的："尽管结果如此，参加实验的学生坚持选择集中式学习，认为这种方法对他们更有效，甚至测试后，他们本该明白交错式学习法是更有效的学习方法，但他们仍然坚持认为，对于某一个画家的作品进行集中式学习是更好的学习方法。"也就是说，学生原先选择的学习方法被证实不如另一种学习方法有效时，这些学生还是继续相信自己选的方法会产生强大的效力。

和所有人一样，这些学生对学习和学习机制存在偏见和误解。告诉学生学完以后要考试，大部分学生就会拿出笔记本或课本，一遍遍重复里面的内容，尽管大量研究表明，这种学习方法对于新信息的效果最差。即使学生了解这类研究结果，或者已有教师教过他们有效的学习方法，他们仍然可能坚持这种低效的学习方法。

因此，如果我们希望学生在掌握知识的前提下，进一步发展更高层次的认知技能，我们就应该帮助他们先获得这部分知识。但我们可能不想在这部分教学上花费太多时间和精力，而轻教学可以完美地解决这一问题。你会在接下来的章节中了解到，有关预测、提取和交错教学可以极大地促进学生对基础知识和技能的掌握。在一节课的前几分钟或者最后几分钟开展这些轻教学活动可以让学生更好地掌握知识。利用这些简单的方法，我们就能帮助学生牢记课程内容，从而让学生得以对复杂的学习任务进行更深入和更有意义的探索。作为教师，你肯定希望把更多的时间和精力放在这些复杂的学习任务上。关于这部分内容，我们接下来有更详细的讲解。

第一章

# 先测验再讲课，学生理解更深刻

## 读绘本前预测将听到的故事：为深层次学习打下基础

我妻子安妮是幼儿园老师。2020-2021学年因新冠疫情她只能在我们家餐厅给幼儿园的孩子们上网课。你若觉得维持学生的注意力很有挑战，那么你就想象一下这样的场景：尝试通过电脑屏幕让十几个5岁孩子集中注意力，如此你就会觉得自己的境况还不至于太差。疫情期间我也在家里工作，因此我很开心（我觉得如此）自己无意间听到妻子一整天和她的学生所做的一切：妻子给孩子们唱关于天气和一周7天的歌曲，我随着哼起来，我也跟着从1数到100；听她耐心地给孩子们讲解字母、音节和词语……

每天的某个时刻她会给聚集在她电脑屏幕前的孩子们读一册绘本，而且绘本的朗读总是以同样的方式开启。她先展示绘本的封面，大声读出书名，然后以不同的方式问她的学生以下问题："你们认为这本书是关于什么的故事？"然后她会根据具体某张图和书名提出额外的问题："如果给老师一块曲奇，你觉得会发生什么？""如果带一只北极熊散步，会是什么感觉？"最后她会设计一组问题让孩子们说出他们对绘本主题已经了解的内容："北极熊住在哪里？北极熊是宠物吗？"于是学生大声说出他们的答案，有些答案对啦，有些答案是错误的（北极熊不能成为宠物）。妻子给孩子们大声读故事的过程总是这样开始：在开头的几分钟让学生预测即将听到的故事将会如何展开。

在大学，我们一般带着自己备好的教学材料到课堂，像机关枪一样准备扫射：我有一些材料要教给你们，我们开始吧！但对学习的研究表明（也是我们这一章要思考的问题）：学习过程的第一步应该像安妮那么做——不一定像她那样具体问学生一些阅读前的问题——要在我们向学生展示新的课程内容之前，让他们参与某种预测活动。这样的活动包括邀请学生回答一些关于他们即将学习或体验的内容的问题，也可以让学生解决超出他们当前能力的问题或给他们任何正式教导之前让他们尝试某项新技能。这个途径看似反常，因为它颠倒了正常的教学次序。许多老师的教学设想是这样的：我先教学生内容，然后让他们回答或解决问题。比如，先让学生读北极熊的故事，然后问他们北极熊住在哪里。给学生做一个关于诗歌的讲座，然后让他们解读一首诗。向学生展示如何解答某个类型的数学问题，然后给他们一道题自己解答。但是，关于学习的研究却向我们推荐了一些非常不一样的做法。相关研究告诉我们，教学生学习内容之前，先让他们使用现有的知识和技能想办法处理学习材料，这么做能为学生接下来的深层次学习打下扎实的基础。

给学生机会做这样的活动不需要花费太多的时间，这也是开启轻教学的理想之地：在课前几分钟，或教授课程单元前，甚至课程开头的几分钟，做这样的活动能激发学生巨大的潜能，提升学生的学习主动性和你的教学成效。

## 预先测验效应：未学先测验，理解记忆更深刻

为了更好地理解预测如何加深对学习内容的理解和记忆，同时弄清楚个中原因，先说说加州大学洛杉矶分校的三位研究人员针对学习与预测开展的一系列相关实验。三位研究人员后来将实验情况写成文章，发表于《实验心理学杂志：学习、记忆和认识》。在其中一项实验中，这三位研究人员要求受试者记忆一系列关联不大的单词组合，比如“鲸——哺乳动物”。受试者被分为两组，第一组对每个单词组合有13秒的学习时间，而第二组有8秒的时间看单词组合中的第一个单词，并对第二个单词进行预测，然后给他们5秒的时间看整个单词组合。由于组合中的两个单词之间联系不十分明显（比如看到“鲸”，你可能会猜第二个单词是“海”、“海洋”或“大”），受试者对于第二个单词的预测通常都是错误的。同时，请注意，第二组（要做预测）的受试者只有5秒的时间观看正确的单词组合，比第一组（不用预测）少了8秒。学习这样的单词组合之后进行一场考试，让两组受试者回忆这些单词组合。尽管学习时间更短，而且对组合中的第二个单词的预测常常是错误的，第二组受试者在考试中的表现却明显优于第一组：第一组的准确率是55%，而第二组的准确率达到了67%。研究人员解释：“第二组的预测虽然常常有错，但比起花同样的时间学习过后需要回忆起来的内容，第二组预测的尝试使得学习效果明显好很多。”换句话说，对于要学习的内容，先花点时间预测，即使预测是错误的，也会加强之后对学习内容的记忆。在传统教学方式的基础上增加预测练习，甚至用预测练

习取代传统的教学方式，都能达到同样的效果。

诸如此类的实验结果激发了另一群研究人员的热情。由认知心理学家伊利莎白·比约克带领的一群研究人员想看看在真实课堂教学中，预测练习是否也能产生这种促进学习的效果。他们的实验对象是比约克教的心理学导论课的学生，在某些课开始之前，他们预先对学生进行简短的单选题测验。由于测验中的问题都是还没讲过的内容，所以学生们基本都是连蒙带猜，结果自然与前面提及的实验结果一样，学生在预先测试中的答案很多都是错的。测试后，教师在课程中讲到预先测验涉及的内容，这样学生马上就知道自己的答案正确与否。到了期末，学生们参加期末考试，考试中包括与之前预先测验中相似的单选题。这次实验的结果与先前提及的实验结果基本一致：相比没预先测验学习内容的学生，预先测验过学习内容的学生成绩高出10%左右。比约克从这次实验中得出结论："针对即将讲到的教学内容进行预先测验，这样在后面的期末考试中，学生对预先测验中涉及的内容回答得更好。"请大家注意，虽然这里的说法有点不一样，从"预测"变成了"预先测验"，但其中的认知活动是相似的：都是让学生对不了解的问题给出答案或预测结果，让他们在尚未准备好之前就做尝试。

探究为什么预测能促进学习之前，让我们再看一个在网络环境中进行预测练习的实例。来自卡内基梅隆大学的三位研究人员开发了一个在线教学程序来证明在混合语言课程中，预测练习能够有效提高学生的跨文化理解能力。实验中，共有两组学生受试，每组受试学生每周只有一次面对面教学的机会，其他时间他们都需要在线上学习课程。这种课程的教学目的之一是培养学生的"跨文化交际能力，即通过符合当地文化的方式思考和行动的能力"。去国外旅行过的人可以证明，这种能力非常难培养，会说一门外语不代表你就知道如何叫出租车、如何在餐厅付小费或者如何在巴黎地铁站向陌生人询问哪一趟地铁可以载你到机场赶上返程的航班（我自己就深有体会，令我非常难过）。所以，这次的实验已经超出简单了解和记忆信息的范畴，进入了理解能力的范畴，也就是要理解如何把学到的知识运用到另一种情境中。教师们希望学生获得的那种跨文化交际能力要求学习者用学到的知识思考和行动，而不是仅仅反馈学到的东西。

为了帮助学生获得这种更深刻的理解能力，两位研究计算机辅助学习的专家与一位语言学教授合作，开发了一套以电影片段为教学资源的在线教学程序。实验中，控制组的学生观看突出强调文化态度与行为的电影片段，这些知识都是初级法语课程涉及的内容。在观看电影片段时，学生可以对看到的内容做笔记。与之相对比，实验组的学生则利用预测练习来促进学习效果，他们观看电影片段时在关键时刻暂停，让学生预测接下来会发生的事情，并在整个电影片段结束时让他们思考真正发生的事情，研究人员用一个朗朗上口的短语描述这种三段式的实验顺序：暂停—预测—思考。为学生设置的预测练习以下拉菜单选项的形式出现，但之后还有开放式的文本框让他们填写预测的依据和理由。看完电影片段剩下的部分之后，他们还需要回答一个简单的问题：他们的预测是否正确？并回应一些提示来帮助他们反思自己的预测，譬如："如果是这样（也就是你的预测是正确的），你有没有注意到一些之前不了解的法国文化现象？如果你的预测不正确，是发生了什么让你没预测对？"最后，接受实验的这两组同学都要在讨论区发贴，思考和回顾他们看到的电影片段的内容。

课程结束后，研究人员统计这两组学生在跨文化交际考试中的成绩，并通过阅读他们在讨论区发的帖子观察他们的跨文化思考和推理能力，由此判断暂停—预测—思考的练习是否有助于提高学生的跨文化交际能力。第一场考试的成绩显示，和先前的实验结果一样，参加预测练习的学生成绩比其他学生高出了10%，但这种差异在后续任务中逐渐缩小。这说明和书中其他积极的学习干预策略一样，预测练习对初学者尤其有效。对讨论区帖子的评价也显示，实验组的学生在跨文化交际能力的测试上远远胜于控制组的学生。在讨论实验结果时，研究人员注意到学生的预测只有40%是正确的，再次证明错误的预测并不会产生负面影响。他们还观察到一个意料之外的现象：实验组的学生比控制组的学生在讨论区发的帖子更多，而且更切中要害。他们的原文是："和控制组的学生相比，实验组的学生更能够保持富有成效的讨论。"在这个案例中，预测练习让学生对学习内容更专注。

研究大脑的研究人员能够帮忙阐明其中的机制是如何来巩固所有这些实验的结果的。神经科学家不断证明我们的大脑是预测机器，我们的学习根源于预测周期，然后根据这些预测的准确度来调整我们的思考。斯坦尼斯哈斯 德哈内是法兰西学院实验认知心理学教授，他也担任神经官能脑成像中心的主任。在他的书《我们如何学习：为何大脑学得比任何机器更好》中，德哈内细致又通俗易懂地给读者解说了学习和大脑之间的关系，然后得出的结论是"做出某个预测，发现某个错误以及自我纠正是有效学习的根基"。我们的大脑持续创建我们周围世界的模型，使用这些模型预测我们的经历将如何展开，并根据实际发生的情况矫正、重塑模型。这样的矫正、重塑模型就是我们所说的学习。一个新司机的大脑不断做出预测，当她开车时，车子将怎么运作——她期望车子减速，而且刹车时车子能停下来。然而，当她第一次在雪中开车，刹车时却发现车子还在滑行，她的大脑注意到她现有的思维模型失败了——刹车不一定能够一直同样有效地停车。她得考虑天气状况。她开车的思维模型拓宽了，她作为司机的预测能力提升了。如此她学到了东西。

在课堂场景，预测活动让学生明白自己对课程内容现有知识存在的差距和问题，并促使他们填补和修复他们的理解。如果让我做个预测或尝试某项新技能，这会迫使我展露自己现有的任何知识和技能，并应用它们帮助我完成跟前的任务。在一些情形中，我立马发现自己没有所需之物——我可能心想：我不知道该怎么做。在课堂的场景，这样的认知会推动我去学习：如果我想在这里成功，我需要更多的信息。但也有可能我确实有足够的信息或技能完成这项任务，这种情况下我会自信地预测，推断自己已经知悉所需的一切。当我发现自己的预测是错误的，这时我将退回原地。出了什么差错？我错过什么信息？我应该知道什么来把它弄对？因为很少有学生（即使有的话也凤毛麟角）来到课堂的时候已经知道自己需要了解的一切，因此我们设计的预测活动就是为了揭示他们思考存在的一些错误，让他们知道自己知识和技能的一些错误，让他们展示自己现有的知识和技能与需要学的内容之间的差距。理想的话，他们的课程材料随后恰恰就帮他们弥补了这些差距。

预测活动也可以让学生更清晰地了解自己在任何课程需要学习的内容以及如何学习。如同伊丽莎白·索克解说她实验中的练习测试时指出："做一个练习测试，答错反而能够促进接下来的学习，因为测试从某些方面把我们的思考调整到我们需要知道的材料。"设计好的预测试或预测活动让学生注意到基本的课程内容以及教师的测试风格。想象一个学生在大学一年级的秋季学期坐在化学课堂里听课。她读高中时修了一年的化学，高中化学老师主要让学生记忆化学知识与方程，而且通过选择题的测试考核学生对这些知识的掌握。这位学生的思维方式已被高中老师的教学方式限定，即通过死记硬背学习和思考化学，她带着这种背知识点的技能来到大学的化学课程中——除非她的大学教授在教授化学课程伊始先让学生试着回答一些概念性的问题，并提及这些问题跟期末考试出现的考题相似。当这位一年级学生发现自己挠脑袋，没能回答这些问题，她立马发现自己得通过新的方式接触这门课和学习。她得关注概念性的理解而不是单纯记忆知识点。倘若她没遇到大学化学课程第一天的预测活动，可能在期末面对第一次重要考试之前，这学期的前5周她都只是重复高中的学习方式。

最后而且或许是最简单的是，预测活动模仿了一些我们通常会让正在尝试掌握某项技能的学习者做的事情：要求他们准备好之前先尝试。回忆一下我们自己学习某种技能的经历就不难理解了，众所周知，不管一个人事先读了多少关于掷球、画肖像或演讲的技巧，只有我们真正实践的时候（即便不成功），学习才真正开始。为了拿到潜水证，我报了一期课程。每节课的前半部分我们都坐在教室里记录即将在水池中练习的技巧，在每节课的后半部分，我们就要进入水池进行练习，我通常在入水的时候觉得自己已经掌握了这个技巧，但几分钟内我的知识空白就暴露了。我在水中挣扎，重复着错误的动作，直到教练游过来告诉我哪里不对，这时我才真正开始了学习。

我们在学校其实一直都在促进这种学习，让学生练习还没完全掌握的认知技能。在大一的写作课上，我不会用一整个学期讲解学生写学术论文时应该掌握的所有写作技巧，然后等期末再让他们写一篇论文，看看他们对这些写作技巧的掌握程度；相反，我从学期一开始就不断布置论文写作任务，虽然有一些写作技巧在4—8周或12周后才会讲到。让学生在学习新内容之前先做预测练习实际上与这种常用的教学方法大同小异。

## 教学模式：如何进行课前的测验练习

某项学习体验（一门课、一个学习单元、一节课）刚刚开始的时候，开展跟预测相关的轻教学活动最为理想。思考以下关于预测的教学模式，你可以在刚开始教某项内容的时候使用。

### 激活先前的知识

得知自己需要做预测，大脑开始四处寻找已经知道的知识，帮助我们做出成功的预测。预测要求我们挖掘自己现有的知识和技能，不管是什么都行。比如，我用现有的法国文化知识预测视频将播放的内容，或者用我先前的化学知识预测实验将发生什么。关于学习，研究人员称预测为激活先前的知识，它被证明有许多促进学习的能量。"先前知识在学习中起到关键的作用，"苏珊·安布罗斯和玛莎·罗维特解释，"这意味着……教师需要评估学生先前学过的内容、想法和技能……并利用这样的信息作为新学习的基础，而且发现学生所学内容不准确或不充分的时候可以干预。"激活学生先前知识最简单的方式是：在你教自己的科目之前，让他们做个人和集体的知识转储，告诉你他们知道的一切或他们认为自己知道的内容。你可以把这当成预测前的活动，或往预测迈半步。不是让学生提取先前知识解决新问题，而只是让他们回忆先前知识并向你展示——研究表明这一步本身就能让学生为深层次的学习做好准备，即使他们没有用先前的知识解决某个新问题。

因此，我们的第一个轻教学策略可能是这本书中最容易执行的：在你教学生一些新内容之前，问他们相关的先前知识。你可以用多种符合轻教学框架的方式来做这件事。

- 介绍课程新内容之前，让学生做一个预测试或在课程的学习管理系统上回答两三个跟课程主题相关的问题，然后上第一次或第二次课时向学生简短地总结测试和回答问题的结果。

- 任何一节课的伊始，关于当天要学的内容，让学生写下他们认为自己已经知道的信息。让他们列出他们在先前的课堂或从他们生活经历当中学到的3—5样事物，然后两人一组比较彼此的清单。开始展示你的新材料之前，征求一些回应并做一些关联。

- 学期开启时，专门用一节课的部分时间评估学生当前的知识，可以通过班级或小组活动，或者通过书面预测试的形式开展。一旦你了解学生完成这类练习的情况并大体知道他们现有的知识，你就可以在你的课程构建有效的教学策略。

对于上述第三个建议，我举个例子。当我教21世纪英国文学和文化的研讨课时，开学第一天我留出30分钟构建一个知识储存，让学生回应以下问题："我说'英国'这个词的时候，你们脑海里最主要的印象是什么？"提出这个问题后，我给他们几分钟的时间在纸上列出清单，然后在黑板上写出大家的印象。我试着将学生的印象分类，如此可以看出模式——同样的基本模式总会出现。英国对他们而言意味着皇室家庭、喝茶、吃饼干这类的传统活动，或者在乡下悠然散步、绿色景观和废弃的城堡。没人提及英国的种族多样性，或者英国包含苏格兰、威尔士和北爱尔兰民族这样的事实，或者英国最近的政治历史。在第二堂课，我们开始思考英国文学的政治和文化语境，然后我向学生介绍他们从未了解过的英国特征，这时我就有机会让学生不要撇开他们的印象，而是在这些印象的基础上构建对英国的理解。一整个学期，我偶尔回顾大家在第一节课写下对英国的印象，提醒他们我们当前的文本或讨论跟这些印象的关联。如此开放式的课堂活动基本上对所有课程都奏效，你只需略作修改使之与你的教学意图相符。对于更高级别的课程，你可能想缩小问题的范围，因为学生可能有更宽泛的拓展知识，写一个段落都不够。这里的总体策略还是令人愉快的简单：介绍任何课程内容的新组块之前，用一节课（一整门课程里的）或者几分钟（适用于新单元）让学生说出他们已经知道的知识。

### 通过课堂投票预测

如同德瑞克·布鲁夫在他的著作《通过课堂回应体系教学：创建积极的学习环境》中指出，课堂投票的使用——不管你使用诸如处处可投票这样的高端科技，还是使用诸如彩色索引卡或者只是通过举手投票这样的普通方式——轻松便捷地让预测成为你授课的一部分。布鲁夫的书中有一章“点击器问题”指出预测有助于增强理解力，并且还有助于促进对各个事实和概念的记忆。布鲁夫举了个例子，一位大学数学讲师给“学生展示了一个绘图程序，他在这个程序上改变一个功能的参数，比如在功能sin（wt）上改变参数w，然后让学生预测当他改变参数的时候，绘图上的某个功能将会发生什么。学生用点击器投票之后，老师用绘图程序向学生展示正确的答案”。对于这样的问题，学生不能用简单的“输入数值即得答案”这类方式来答题。他们需要对问题有概念性的理解，从而做出精准的预测。不管他们的预测成功与否，都能让他们重新构建概念性理解，这当然是课程应该引导的最重要的学习。

布鲁夫也注意到课堂民意调查让老师有机会请学生做匿名预测，这在一些语境中是有用的。他举了另外一所大学一门健康和幸福课程的例子。在这门课程里，老师想让学生说出对校园饮酒的看法。老师首先问学生最近一次社交场合喝了多少酒，但接着让学生预测他们认为自己的同伴会有什么反应。“预测投票和实际投票之间的差别，”布鲁夫解释，“经常令学生吃惊，因为结果是学生不总像自己认为的那么爱冒险。”诸如此类快速预测练习的益处是随后出现的热烈的讨论：“这个活动可以导向颇有成效的班级讨论，即关于冒险行为的社会认知，尤其是市场营销在这些认知中的作用。”换言之，这样的讨论鼓励学生反思他们的预测为何不正确，以及社交媒体和啤酒广告如何影响他们对同伴喝酒的看法。如果让学生做一些关于自身行为的预测，通过点击器做的匿名预测显然是有用的。而且任何时候你觉得学生可能不想公开他们的预测，不管是因为他们想保留隐私，还是因为他们觉得在同伴面前（或在你跟前）做出大错特错的预测会尴尬，采用匿名预测的方式也是大有裨益的。

### 预测—信息暴露—讲解

即使不用正式的考试或点击器应答系统，你也可以针对即将学习的内容让学生进行非正式的课堂预测。在任何学科、任何类型的课堂上都可以进行这样的预测练习。科学家们熟知假说这一方法在科学方法中的作用，而假说其实就是预测的一种形式，所以会在实验室或实验报告中让学生积极预测。但在实验室外，教师们也可以用同样的教学方法。如果你在课堂深入讲解之前，已经让学生事先阅读了相关内容，那么课程开始的时候你就可以给出一个相关例子，让学生把从课本上读到的一些思想应用到这个例子中。比如，学生读了某个经济学理论，课程开始时，你就可以向他们描述某个历史情境，然后请他们根据这个理论预测在这种历史情境中会发生什么事情；你也可以让学生根据自己在先前课程中或以前修过的科目里学到的知识或自身掌握的常识对将要学习的内容进行预测。关于这种练习，《聪明教学7原理：基于学习科学的教学策略》讲了两个简单的例子："让学生阅读一篇20世纪70年代的文章之前，可以先问问他们那个历史时期发生了什么，这对作者的观点会带来怎样的影响。或者在讲解某个设计问题时，可以让学生预测，如果是某位著名的设计师（他们了解这位设计师的作品）遇到这种设计问题，他会如何处理。"同样地，对于你提出的这些问题，学生不可能直接从学过的知识中得到答案，而必须运用学过的知识来推断新知识。最好在让他们预测的同时说出为什么会做出这样的预测，这样可以让他们审视自己的思考，从而帮助他们意识到知识和技能空白。如果能在讲解正确答案之后，让学生说说自己预测正确或者错误的原因，那就更好了。

我在这一章的前面部分给你们描述了三个关于学习的实验，这三个实验设计来展示预测的力量。想象一下我给心理学或教育学课程的学生描述这些实验。我描述了第一个实验如何开展——其中一组学生试着在13秒记住配对词，第二组学生猜词，然后在5秒钟内看到正确的答案——然后停下来，让学生预测结果。我可以用通用的方式做这个练习，让学生举手进行推测，或者我可以给学生具体的选项，然后让学生选出自己认为正确的单词：

- 记忆者测试时胜出50%。
- 记忆者测试时胜出10%。
- 两组人完成的结果差不多一致。
- 预测者测试时胜出10%。
- 预测者测试时胜出50%。

（如果你这一章读得不错，那么你的答案是第四个。）学生可以通过投票或举手回答他们认为正确的答案。记录学生的投票之后，我会邀请一些学生解释他们的答案，然后展示结果。这些结果都展示之后，我可以用这些结果说明最重要的两点：预测可有效提高学习效率，而且无需大费周章就能获得显著效果。一旦学生看到第一个实验的结果，后面的两个实验将有助于他们确认自己大脑现在记得更扎实的知识。

如果你日常的教学包括给你的学生描述问卷调查或实验，考虑变换一下典型的描述方式——解说实验如何开展，然后展示实验的结果。先不要描述实验如何开展，而是让学生猜测结果。在你向他们展示结果之后，邀请学生反思他们预测的精准度：他们为何猜对？为何没猜对？揭示结果的时候，他们学到了什么？

### 下课前的预测练习

上课时可以用预测练习开场，下课前也可以用预测练习作为结束，但下课前的预测主要是针对学生作业中要阅读或学习的内容。许多课本在每一章的开头都会提出一些预测性问题，但我怀疑如果教师没有明确要求，学生很少会去看或思考这些问题。如果你用一节课的时间讲完课本的第五章，那么下课前你可以让学生回答学习第六章之前的其中一个预测问题。当他们晚上或隔天坐下来读第六章，再次看到这个问题，那么他们将回想起在课堂做的预测，而这样将（重新）激活他们先前的知识。

你可以进一步开展这项活动，让学生在下次课开头的几分钟回顾上次课的预测问题，并反思自己是否预测正确以及为何预测对了（或错了）。延续前面部分的例子，假设我已经在周一的课堂展示了三个关于预测和学习的实验。但我把第四个实验——介绍相关研究的新课题——留到下课前才说。下课前的几分钟我描述了最后这个实验如何开展，并让学生预测结果。但这次我没告诉他们实验发生了什么就让他们下课，然后给他们留了一个预告："你会在周三课堂的阅读材料中发现实验的结果。"当学生周三来上课的时候，我让一些学生提醒我他们周一都预测了什么，描述他们读到的结果，并说明什么原则或新想法解释了前三个实验与第四个实验的差别。

## 准　则

让学生做预测练习不会占用太多时间，所以它是一个理想的轻教学活动。下面的准则指导你设计自己课堂上的预测活动。

**保持概念化**　请记住预测练习之所以有用，部分原因是这样的练习需要学生回忆学过的知识，这样才能帮助他们做出预测。如果你问的问题太特殊，他们并不了解这一话题的相关知识，预测练习就不会产生效果。比如，如果你让学生猜测一个单词的意思，而这个单词是他们完全不熟悉的语言，这样的练习不可能促进学生的学习。所以，预测活动一定要集中于概念化的知识上，这样才能最大限度地促进学生的学习。

**快速反馈**　对学生的预测一定要尽快给予反馈，课程伊始做的预测练习一定要在当天课堂讲解。而下课前做的预测练习，即使学生在课后的阅读或学习任务中已经得到答案，也应该在下一次课一上课就讲解，网络环境里进行的预测练习必须在当次课程中给出反馈。记住，不要让错误的预测在学生脑海中徘徊太长时间，越及时纠正越好。

**促进反思**　如丹尼尔·威林厄姆所说："记忆是思考的灰烬。"也就是说，花时间思考的东西更容易被记住。预测能促进思考，因为你能让学生思考他们为什么做出这样的预测，真实的情况是怎样的（如果预测之后可以直接观察），以及为什么他们的预测正确或错误。如果刚上课时，你叫学生把自己的预测写下来并让一些学生把自己的预测读出来，那么快下课时，可以让这些学生解释他们为什么做出这样的预测。可以让预测正确的学生说说帮助他们做出正确预测的原则和理念，预测错误的学生则可以通过阐述正确的想法纠正自己的理解。

### 即学即用小贴士：课前测验练习速成模板

预测是开启轻教学的理想的教学活动，因为把预测活动安插到单元学习的开始和结尾都很方便。下述这些可靠的预测活动给你一些实用的指引。

- 课堂开启时，让全班同学头脑风暴，如此让学生展现他们先前的知识。给每个人一些时间或者分成小组讨论，然后以班级作为整体整理知识，为即将开始的学习做好准备。

- 在课堂、单元或课程开始的时候给学生做一个针对学习内容的简短的预测试。比如，第一周给学生做预测试，这个预测试的形式跟期末考试相似。

- 讲课间歇做课堂民意调查，让学生针对你将涉及的下一个话题提问。让他们不管用什么民意调查科技都回应你提出的问题，然后在你开始讲解课程内容之前，让他们两人一组讨论或班级讨论自己的回应。
- 向学生展示案例、问题、例子或历史的时候，下结论前先停下来让学生预测结果。邀请他们过后思考自己为何预测错了（或对了）。换言之：暂停，预测，思考。
- 课堂结束时让学生预测下节课的学习材料。

## 小　结

### 预测引发学习兴趣，提升记忆效果

这本书的修订快写完的时候，我发现心理学期刊有一篇文章再次支持预测的力量，而且文章还额外提及预测有如此积极影响的原因。这篇文章描述这样一个实验：研究人员让学生预测某个足球比赛的分数，然后告诉他们正确的分数并测试他们对这些分数的记忆。但他们对比了两组学生，一组学生参加了预测活动，而给另一组学生正确的分数，然后让他们解释这些分数是否跟自己期待的匹配。换言之，研究人员基本上问了第二组学生这样的问题：如果你做了预测，你的预测正确吗？你可能从这一章提及的研究得出推断：相比只是让他们回想比赛分数跟他们期待的是否匹配，实际做出预测的学生能够更好记住足球比赛的分数。这两组学生之间关键的区分是：做预测的具体行动；他们得用自己对足球已有的知识冒险做出预测，然后再来看结果。

不过，这项研究的研究人员为他们的实验添加了一个有趣的元素。给研究对象答案的时候，他们看到研究对象的瞳孔放大。当做预测的研究对象看到正确的答案时，他们的瞳孔放大，表示惊讶。研究人员因此认为学习过程中，预测力量的背后驱动机制之一是当我们看到预测结果的时候，情感快速爆发。我们将在第八章进一步讨论情感对于促进我们学习起到的关键作用。在这个实验中，研究对象对足球比赛做出的预测加强了他们得到分数时的情感投入，而且这个情感投入有助于他们的学习。预测具备情感影响的这个发现引领研究人员得出的结论是随机猜测没有达到预测等同的效果。如果我随便猜测一下，我知道它的随机性，所以对此没什么情感上的投入。然而，当我做预测的时候，我用自己先前的知识试着理解一个新奇的情境，如此我对结果有更多的情感投入：我想知道自己是否正确。研究人员认为，正是这个情感投入使得预测与众不同，而且有助于我们牢记新学的知识。

如果你想让学生做预测活动，记住这个研究发现。如果你给他们做一个预测试，鼓励他们利用先前的知识尝试并尽可能答对题目。如果你让学生在课堂上通过电子投票的方式预测一些东西，给他们时间思考并做出预测。他们对自己的预测越投入，正确答案揭晓时他们就越能感受到投入的情感——那么他们将会更好地记住这些学习内容。

第二章

# 课前课后巧提问，课堂内容记得牢

## 咖啡馆趣事：服务生如何记住顾客的需求

这本书基本上是在离我家两个街区远的一家咖啡店里写完的。我常在工作日走进这家咖啡店，找一个旁边有电源插座的位置坐下，启动电脑，然后去柜台点杯饮料。对于食物和饮料，我有自己长期的偏好，所以这6个月，几乎每一天，我都会点一份中杯绿茶。咖啡店的排班也是固定的，所以我点单的那个时间，基本上都是同一个年轻女服务员在柜台。可是尽管每周有三四天我都带着同样的笑脸点同样的饮料，每次我去店里的时候，她都会抬头期待地看着我，好像我之前那么多次点的都是不同饮料，而且我点了绿茶以后，她每次还会问我两个同样的问题："冷的还是热的？""加蜂蜜还是加柠檬？"而我的回答每次都是"热的，什么都不加"。周复一周，月复一月，这个过程对我来说慢慢变成了一件有趣的事，每次我都想看看她究竟能不能记得我的点单，可她从来都不记得。直到有一天，我带着一点恶作剧的心思走进店里。

她问："您要点什么？"

我故意回答："你猜一下呗？"

她抬起头来，仿佛第一次看见我似的，然后不好意思地笑了笑，说："哎呀！我怎么忘了呢？"

我说："没事，中杯绿茶，热的，什么都不加。"

几天之后，我又去这家咖啡店，走进去找到我的位置，启动电脑，然后去往柜台找那位健忘的服务生点单，令我吃惊的是，她对我微笑着说："中杯绿茶，热的，不加蜂蜜不加柠檬？"

这个小故事完美地展示提取效应这个学习现象。提取效应简单地说是指如果你想从记忆中提取知识，就必须先练习记忆提取。练习记忆某件事的次数越多，你在未来记住这件事的概率就越大。每次我走进那家咖啡店对那个服务生点单的时候，她就会从我这里重新接收一次信息，完全不需要从记忆中提取任何信息。她这样如同学生在学习过程中一遍遍看笔记，认知心理学家认为这是效果最差的学习方法。当我稍微改变与服务员的互动方式，考验她是否记得我的点单时，虽然她不记得，但这是她第一次必须从自己的记忆中提取这部分信息。由于这部分信息相当简单，一次练习就足以让她下次记住我的点单。对学生来说，要记的内容远比我在咖啡店的点单要复杂，但原理是完全一样的。练习记忆学习内容的次数越多，我们越能长期牢固地记住它。

提取效应有时也被称为测试效应，让教师认识到测试对学生课堂学习的意义。教师（还有学生和家长）通常都认为测试只是检测学生学习情况的一种方法，但是以最广义的视角来衡量，测试其实就是记忆练习。如果研究表明记忆练习可以提高我们的记忆力，那就是说测试不仅可以检测学习情况，还可以改善学习。使用“测试效应”这一名称的问题在于，很多人并不真正了解“测试”的意义，这个词会让我们想到焦虑的学生咬着铅笔头，努力完成期末考试卷上的选择题。当然，测试的形式多种多样，可以是每天课堂上的小测验，或者口头考查，还可以是在线完成简答题。书中涉及的研究包含多种测试活动，可以帮助学生训练他们的记忆肌肉，从而提高和巩固他们的知识根基。这里的测试指的是让学习者回忆学过的信息、概念和技能，它可以利用课前5分钟口头问答这样简单的形式进行。因此，下面我想重点说一下提取效应和提取练习，让你们明白在课堂上如何运用这一教学策略，更重要的是，帮助你们思考如何通过各式各样的轻教学活动进行提取练习。

## 记忆提取效应：举一反三的秘诀

亨利·L. 罗伊迪杰的记忆实验室设计了大量实验来描述提取效应的力量，这个实验室位于圣·路易斯的华盛顿大学，里头入驻多名研究人员探索关于学习、认知和记忆的研究的教育意义。在《超牢记忆法：成功学习的有效方法》中，罗伊迪杰和其他作者描述了实验情况：2006年，记忆实验室的研究人员开始在密苏里州哥伦比亚市的一所中学进行实验，看看是否可以利用提取效应的力量改善学生的学习。研究员普佳·K. 阿加瓦尔同一名六年级的社会学教师帕特里斯·贝恩合作，在她教的6个班进行一系列精心编排的提取练习活动，看看是否可以帮助她的学生改善学习效果。实验的方法并不是有些班开展提取练习而有些班不开展，而是把课程材料——统一发放的涉及世界主要文明的中学社会学教材——分成三组，分别进行不同的处理。对于第一组课程材料，学生有三次机会以常规小测验的形式进行提取练习，以下面的方式分开进行：每堂课开始时，安排一次测验（在课前完成阅读任务，并且教师尚未讲解）；每堂课结束时，安排一次测验（在教师讲解后）；正式考试前一天，安排一次测验。每次测验时，教师都要离开教室。学生作答后就可以看到正确答案，测验成绩不计入课程的最后评分。对于第二组课程材料，学生有机会重新学习一次可能在考试中出现的重点概念。对于最后一组课程材料，贝恩以她日常的教学方法进行教学，不开展任何额外的学习或提取练习。在讨论实验结果之前，还有一点值得注意，教师不会用课外时间开展额外的提取练习，这些练习都在常规的课堂时间进行，这就意味着练习会占用其他课堂内容的时间，比如教师的讲课时间、课堂讨论时间、独立学习时间或其他任何教学时间。这一点值得注意。因为一些教师可能担心提取练习会占用其他更重要的学习活动的时间。

实验得出三个重要结果供我们参考。首先，它展示了提取练习的作用。书中是这么写的："与未经测验的课程材料相比，学生在经过测验的课程材料上的得分高了整整一个档次。"一年后，研究团队对于同一所学校的八年级科学课开展同样的实验，实验结果更加明显："三个学期过去后，对于没有进行测验的科学课内容，八年级学生的平均成绩为79（/100）分（C+），而对于进行了测验的内容，他们的平均成绩达到了92（/100）分（A－）。"这两个实验揭示了提取练习对于促进学生对核心知识的长期掌握起到难以置信的作用。定期做提取练习的学习材料，在标准课程测试的时候，课程成绩比那些没有测试过的材料至少高出一个分数段。

第二个重要的研究结果是，学生们在第二组课程材料（开展了额外学习）上的考试表现与第三组（完全没做过任何干预）的几乎一样糟糕，也就是说，更多的学习时间并没有带来更好的学习效果。作者在书中是这么总结的："仅仅再读一遍，并没有什么效果。"最后一个结果，也是最重要的结果是，实验的积极结果会持续很长时间。书里说："测试效应的作用一直持续到好几个月后的期末考试。"这对我们教师有明显启示。我们希望学生对课程内容的记忆不要停留在最初测试期间，而这种间隔式提取练习（第三章会讲解）似乎对长期记忆有很好的效果。结束这部分内容之前，我还要最后强调一次这些实验结果：每堂课开始、结束和正式考试前的简短的（不需要评分）单选题小测验可以让学生成绩提高整整一个档次。

在讨论提取练习背后的作用机制和在轻教学活动中的应用之前，我们再看两个证实提取练习作用的实例。这一领域的实验数量每年都有显著增长，所以我们有很多可供选择的实例。然而，我喜欢由罗伊迪杰和巴特勒在2007年做的一项精彩实验，因为这项实验证实了许多读者心中的疑问：不同类型的测试，效果应该也不一样。在这项实验中，罗伊迪杰和巴特勒安排学生在三天的时间里分别观看三场持续30分钟用幻灯片播放的艺术史课程。每场课程结束后，学生分别进行以下四种活动之一：（a）完成一份对刚才课程内容的简答题测试；（b）完成一份对刚才课程内容的单选题测试；（c）重新学习一遍课程涉及的重要内容；或者（d）直接走出教室（大多数课堂结束后都是这样）。距最后一场课程结束的30天后，这些学生全部回来完成一份对课程内容的终极简答题测试。这种时间间隔是比较接近现实情况的。学生学完课堂内容后，都要经过一段时间才考试，比如，几周后才会考试，实验中让学生过30天后再回来测试就是模仿了现实中较长的时间间隔。课程结束后完成简答题测试的这部分学生（a组）在终极考试中成绩最好，分数达到了47（/100）分；完成单选题测试（b组）和进行了额外学习的学生（c组）成绩基本一样，分数为36（/100）分左右；而没有进行任何练习的学生（d组）分数约为20（/100）分。这些数据可能让人有些失望，但请记住，在这次实验中，从课程结束到终极测试之间的30天里，学生没有任何理由和机会可以重温课程内容，从某种程度上完成简答题测试的那部分学生，他们的终极测试结果令人惊讶：30天完全没有重温和学习的机会，但他们几乎记住了一半的课程内容。

这个研究帮助我们得出一些不易察觉的差别。首先，表现最好的是做简答题测试的学生，他们在答题时需要积极地思考。丹尼尔·威林厄姆将它简洁地概括为："记忆是思考的结果。"简答题需要学生用自己的语言组织答案，因此回答简答题比单选题花的时间更多。其次，注意，在这个实验中，进行记忆练习（作者称之为"有针对性的重新学习"）的学生比什么都没做的学生表现更好。我觉得这个结果令人振奋，因为我并没有在我的教学中使用本章推荐的记忆提取练习，我总认为，只要你学习够刻苦，那么总会有所收获的。所以，尽管一些实验表明，花额外时间学习的学生和没有进行额外学习任务和测试的学生在学习成果上相差不大，这个实验则得出了不同的、更积极的结果。最后，在最终的简答题测试中得分最高的学生是那些之前做简答题的学生（a组学生），这可能意味着两种相似的题型带来更好的学习效果。也就是说，在课程结束时做单选题是学习的一种方式，但这样的学习并不代表能够很好地完成简答题。

我想借最后一个实验说明，写作和解决问题类活动作为提取练习的一部分可以产生的特殊作用。这个实验不是由实验室的记忆研究人员完成的，而是由一名大学化学教师开展的。布莱恩·罗杰森在新泽西州理查德斯托克顿学院任教，他针对初级化学课程5个学期的教学开展一项实验，并在研究中详细说明了实验结果。其中的3个学期，包括他作为全职教员的第一年，他在教学中使用的是标准的教学方法。另外两个学期，他对课程做了一点简单的改变：每节课75分钟，他利用最后的10分钟针对课上讲过的内容对学生进行提问。这些问题相当于化学课的简答题，比如他会问类似这样的问题："列举两个原因说明为什么钾比锂活泼（易起反应）。"其中一些问题需要用化学反应式或分子式作答，但所有问题都不仅仅简单复述记忆内容。学生要写两遍答案，一个上交给教师，一个自己保留。这样，罗杰森可以在下次课前检查学生的答案，这个答案不用批改也不会发给学生，他会在下次课开始时讲解学生答案中出现的问题，学生也可以核对自己给出的答案。

在没有进行这种课程结束前测试（罗杰森从安吉洛的名著《课堂评价技巧》中学到的方法）的学期里，不及格的学生达到了35%，而在使用这个方法的学期，不及格的学生只有17%，而且考试成绩达到C或D的学生人数上升了，意味着之前不及格的那些学生现在达到了C或D的水平，这虽然称不上奇迹般的转变，但已经很了不起了。而之前得A或B的学生基本保持不变，这从某种程度上反映了一个事实：得A或B的学生的进步空间没有得C或D的学生大。有趣的是，在对实验的介绍和讨论中，罗杰森并没有提到提取练习也许可以解释这样的实验结果。和大多数进行各种测试的教师一样，他这么做只是为了检测学生的学习情况，并借此对自己的教学进行反馈。但你们应该注意到，他要求学生完成的小作业和上一个实验中研究人员给研究对象布置的任务——课程一结束马上针对课程内容向学生进行简单的提问，两者有相似之处。罗杰森说学生在这种小练习中的表现令人失望，他在书中写道："我认为在课上已经解释得非常详细、彻底的内容，有些学生还是给不出正确答案。"你们的学生肯定和罗杰森的学生一样，常常给出错误的答案，即便这样，只要教师给他们反馈意见，并帮助他们改正错误，这些实验的积极结果就不容忽视。

下面我们简单说说提取效应为什么会起作用。一个简短的解释就是，关于记忆的研究人员近来似乎认为，我们的长期记忆可以记住大量内容，正如认知心理学家米歇尔·米勒在《在线的思想》中写道："记忆研究人员已经达成广泛共识，长期记忆基本上有无限容量。"然而，不管存储量无限还是存储量小，长期记忆都存在一个难题。米勒在早年的一篇文章中写道："长期记忆的限制因素并不是存储能力，而是当需要某部分内容时找到这部分内容的能力。长期记忆就像一个空间巨大的储藏室，里面可以放许多东西，但要快速找到需要的东西却很困难。"所以，对学生或任何一个人来说，真正的挑战不是把事实和信息塞进长期记忆中，而是当我们需要某部分内容，或这部分内容可以帮助我们的时候，能够把它提取出来。每次我们从记忆中提取一段信息或经历，我们就在巩固从长期记忆到工作记忆之间的神经通道，在工作记忆中我们可以利用记忆来思考和采取行动。从记忆中提取的次数越多，我们就能把这条通道开凿得越深，以后就越容易提取这部分信息和经历。所以，不论采取哪种形式，比如记住客人点的一杯绿茶这种日常事务，或之前实验里提到的学校的正式考试或小测验，提取练习都能帮助我们加强和提高记忆力。

自从本书的第一版出版以来，认知心理学家普佳·K. 阿加瓦尔成了教育界倡导提取练习的领头人之一；她通过她的书《强有力的教学：释放学习的科学》（与帕特里斯合著）和她的网站RetrievalPractice.org倡导提取练习，你可以在这个网站找到进一步研究的链接以及很多关于如何在教育中使用提取练习的例子。阿加瓦尔指出提取练习奏效的另一个原因：因为它有挑战，比起简单的任务，我们从有挑战的任务中学到更多。你还记得咖啡馆的服务生努力回想我的点单吧，而且我们也都看过学生在课堂上或做测试的时候努力回答提取问题。这些努力是学习过程中重要的部分，如同阿加瓦尔解释：

> 提取练习让学习更需要努力，更有挑战。因为提取信息需要动脑筋，我们经常觉得如果不记得一些东西就做不好。我们可能感到进步很慢，但这正是发生最佳学习的时刻……努力学——通过练习你知道的内容并回想相关信息——这比起重读、记笔记或听讲座更有效。节奏较慢、付出努力的提取练习导向长期的学习。相反，快捷、简单的策略只能导向短期的学习。

回报来自付出，学习如此，生活的任何方面也是如此。邀请我们的学生从他们的记忆中努力提取一些东西出来，尽管一开始可能不尽如人意，但这终将帮助他们长久掌握知识，从而确保课堂内外的成功。

## 教学模式：如何开展课堂记忆小活动

你们不用太费力气去思考如何让学生做有效的提取练习，只需做就行了。教师遇到的多数障碍并不是教学策略的设计，而是担心时间不够用。他们希望利用多长的课堂时间或备课时间帮助学生记忆基础知识呢？轻教学就能解决这个问题，它可以帮助教师设想如何在一小段时间内进行提取练习，比如课程开始的前几分钟和下课前的几分钟，或者在网络课程或混合型课程的小练习当中进行提取练习。

### 课程开场提问

对学过的内容进行提问是课堂上最简单、快速的提取练习形式，可以口头提问也可以是书面形式的简答题。所以，走进教室后，不要直接向学生概述上一节课的内容或提醒学生上一节课的内容可以跟其他哪些内容联系起来，而应该向他们提问，让他们说出这些信息。

- 进入今天的课程之前，有没有同学可以告诉我上周一我们讲了什么内容？或者上一周我们学了什么内容？
- 今天我们要讲第三个重要理论，不过在这之前，请大家先回顾一下，到目前为止我们已经讲了哪两个重要理论？
- 这学期我们已经讨论了这个领域的几个实验，谁能复述一下通过这些实验我们得出的结论？

根据我的个人经验，如果之前从没进行过这样的提问，学生的表现会让你感到惊讶和失望，他们一开始会觉得这样的提取练习很难，你问他们前天刚讲过的内容——你花了好几个小时在办公室里精心准备的内容时，他们只会张大嘴巴呆呆地看着你。但你一定要振作起来并坚持下去，随着这种练习的次数越来越多，学生们从练习中收获的也越来越多，然后学习也越来越深刻。如果你想把这样的活动变为课堂上的常规练习，可以参照安妮·布雷泽的做法：每节课一开始，她会让一个学生对上一节课的内容进行3—5分钟的总结，每个学生每学期至少要做一次这样的练习。

当然，同样类型的提问也可以用来检验学生在课前完成的阅读或作业的情况。在正式进入当天的课程内容之前，请学生总结一下前一晚完成的阅读或作业的要点。我的学生几乎每节课一开始都要进行这种类型的简短写作练习。从我刚开始教学，就使用这样的练习，当时我并不了解提取效应对学习的重要影响，这么做只是为了激发课堂讨论。我发现一走进教室就让学生针对复杂的难题或问题进行讨论，效果并不好，而如果我先提出一个问题，给他们5—10分钟时间写出答案，然后再进行讨论，效果会好很多。我也会把这种做法当成一次小测验，以确保学生完成了我布置的阅读任务。我提出的每个问题都需要学生进行一些记忆和思考。比如，如果我要求他们在课前读完一本小说的前75页，课上我会请他们写一段话，描述故事叙述者的“主要”特点和风格，这里的“主要”一词需要他们对自己记住的多种写作特点进行判断。通过20年的教学生涯，我逐渐意识到对于这门课程来说这种简单的写作练习是帮助学生学习的最佳方法；我是无意间幸运地碰上这个方法，而且当时没想过这就是提取练习。学生们有时也会对这种一整个学期都在进行的写作练习发牢骚，但在与我的交谈中或对课程的评价中，他们常常表示这种练习让他们受益匪浅。

布莱恩·罗杰森在文章中指出，相比口头问答，让学生以写作的方式来回答问题的好处之一就是所有的学生都要参与。对于下课前进行提问，他是这么说的：“这种考核针对的是班上所有学生，而不像口头问答，需要即时给出答案，那样就只有那些更善于发言的同学参与了。”也就是说，当你口头提问题，你会担心只有那些经常参与课堂活动的学生进行提取练习，而剩下的许多学生完全没有受益。但情况也许并不是这样。在一项记忆实验中，受试者被要求观看一幅地图，然后练习对地图特征的“隐性”提取（也就是说，只是思考，不把答案说出来或者写下来），结果显示这种练习依然有助于他们后来凭记忆复原地图。这项研究表明：“隐性的提取练习和显性练习一样有助干后期的记忆……两种方法都可以产生很好的测试效应。”当然，只有你给机会让他们练习“隐性”提取，这时这种方法才有效，也就是说，你提完问题后要暂停几分钟，让每名学生都参与到提取练习中，然后再叫已经有答案的学生站起来回答。这样，就算没有大声说出答案的学生也有了思考的时间，那么也可以从这个提问中有所收获了。

## 下课前的提问

根据课程开场提问很容易就想到下课前的提问。许多有关提取练习的研究，比如前面提到的艺术史课程的实验，都强调了针对学过的内容对学生进行提问的效果。所以，下课前的提问不仅是一种有效的轻教学策略，而且前面提过的原则也同样适用：针对你希望学生从这堂课学到的主要概念提问，如果可以，尽量用写作的形式而不是口头形式提问。如果你正在找下课前提问的某个简单模版，以此推进提取练习（并以此很好地向你反馈学生学习的情况），那么我个人推荐赛斯·马修·菲斯曼和爱德华·维希在《大学教学》期刊描述的模版。他们称之为教师反馈表，这个表格包含三个简单的问题，学生可以在下课时回答：

- 从课堂的阅读中我学到的一样东西是什么？
- 我从今天的课堂学到的一样东西是什么？
- 我对什么还不清楚或者关于什么我还想知道更多？

菲斯曼和维希还让学生回应第四个问题，第四个问题每周都有所不同，他们也让学生每周针对自己一周学习材料的理解给自己从1到100打分。这一系列的活动邀请学生提取、思考、反思他们学习的质量，利用课堂的几分钟就添加了很多认知活动。

前两个模式重要一点是如果你在上课开始或结束的时候问学生的问题属于提取练习，那么你得告诉他们不要看笔记本或从课本找答案。我肯定地跟你说他们的第一个反应就是看笔记或找课本。如果你提出的问题是你刚教的内容或是上周讲过的内容，学生会立马开始翻笔记找答案。你得提醒他们你不是开展一个找答案的寻宝活动，也不是比赛谁最快找到答案。你是在帮助他们记信息，而且只有花时间从大脑提取信息而不是翻看笔记，才能受益。如果你花很多工夫读关于学习和记忆的实验，如同我准备和撰写这本书两个版本时所做的功课，你会注意到几乎每个实验都使用一个控制条件，即学生的笔记本、课本或关键概念只能作为他们的学习指南。我从这项研究了解的每个实验都证明翻看笔记和课本的这个方法对于长期记忆不是很有效。换言之，学生对自己学到的信息、想法或技能做点什么，都比只看笔记（甚至有时还看了好几遍）更有效。你可以跟你的学生解释上课前和下课前提问的目的，以及这些问题如何帮助他们更深入地学习材料；如此当你开始上课和下课前开展轻教学活动，要求他们合上课本和笔记，让他们回忆学过的内容，他们才不会那么困惑。

## 在线提取练习

在网络环境中进行提取练习的难点是学生不在你面前，你无法控制他们是否通过回忆相关内容完成练习。本来你想让他们记住一些内容，结果他们却从笔记本里翻找答案，这就完全起不到提取练习的作用了。虽然这么说，还是要看看米勒提到的对于轻教学和课程设计调整方面的建议，让网络教学和混合教学中的学生也可以进行提取练习。

**阅读检查** 一旦学生开始接触你放到网络上的课程内容，就可以进行提取练习。在每一页或每一部分内容的最后设置一些提取练习，并保证学生必须做完这个小测试才能继续学习下一部分内容。米勒提到一项研究，那些学完新内容并接受这种小测试的学生比未经测试的学生在期末考试中表现更好。她还指出了这个研究显示的另一个额外效应："频繁的小测验让学生更加专注，而且他们并没有因此产生焦虑情绪。实际上，相比普通学生，经常接受这种小测试的学生面对正式考试时会更淡定。"

**频繁的小测验** 建立或寻找一个大题量的题库，并经常让学生进行在线测验。如果题量足够大，就可以进行多次重考，每一次补考都是一次提取练习，这样可以大大增强记忆（如果题量不够大，可能会出现作弊现象）。正如前面提到的有关艺术史课程的实验证明，米勒也提到："与单选题相比，简答题的效果更好一点。"但她还说："能让学生真正去做的测验就是最好的测验，所以，只要你能创造更多的测验机会就是好事，不用过分追求完美。"如果单选题能减轻你的批改负担，让你能够抽出时间设计更多问题，那就用单选题。限制测验的时间有助于确保学生没有多余的时间和机会去课程教材或笔记中寻找答案，这就能让更多学生在测验中参与真正的提取练习。

**分散截止日期** 分散设置在线课程的学习截止日期，这样就能定期进行频繁的小测验和考核（顺便说一下，面对面课程中也可以用这种方法）。学生越频繁地接受学习内容的检查和汇报，就越能经常性地进行提取练习。米勒建议建立"一个周期性的周时间表，让各种任务（讨论、测验、作业和诸如重要考试或论文之类的更重要的任务）的截止日期分布在不同的日子”。这个建议对于提取练习和另一种重要的学习方式——交错式学习都有帮助。

## 促进提取练习的课程大纲

最后，还有一个简单的建议，可以利用课程大纲促进提取练习。课程大纲的一个好处是可以让学生对课程涉及的主题有一个整体了解，并思考它们的联系，因此，我主张尽可能详细地填写课程大纲中的授课计划表。在授课计划表中用一些短语甚至句子描述不同单元将会涉及的内容，学生可以把这份课程大纲作为一份指导他们学习的活档案。“活的教学大纲”这一概念通常指你的课程随着学期的进展而成长、进化，当然任何课程都应该这么做来回应学生的需求。但我这里的意思有所限定：教学大纲的生命持续存在是因为你整个学期把它作为学习工具持续使用。

如此，活的教学大纲可以作为优秀的轻教学提取练习工具。要求学生每次上课都带课程大纲，偶尔利用课程开始和结束前的几分钟做一个简单的练习：让学生拿出课程大纲，然后指出授课计划表中之前某一天的内容，请他们花几分钟时间写下对这一天课程内容的记忆。可以很随意地让他们写在笔记本上，也可以作为一个写作练习收上来，还可以通过口头形式进行。指出那节课的日期，给点时间让他们思考，然后让全班同学说说那节课或那一单元中他们学到的重点概念或技能。现在教师们常常只是在学期开始的第一天给学生介绍一下课程大纲，之后这份大纲就一直躺在文件夹中，它仅仅是一份列出要完成的教学任务及完成日期的清单。那么为何不好好利用它，让它在每节课的轻教学时段成为促进提取练习的一种方法?

## *准 则*

学生在初级课程中会学习大量基础知识，提取练习可以帮助他们记住这些基础知识。所以，当你想在整个教学环节中融入提取练习时，可以先在低年级的课堂实施。以下的准则可以指导你如何使用上面提到的轻教学模式，或者指导你设计一些适合你课程的其他提取练习。

**经常练习** 书中对于提取练习的研究直接启示我们：学生对知识的提取练习越多，学得越好，所以一定要经常练习。经常练习的最简单方式就是定期测验，这应该成为默认的策略。至少每周进行一次小测验，当然也可以每节课测验一次，但这就意味着教师要承担大量的批改任务，尤其在你采用简答题的情况下。如果你不想每次测验都一一批改，也可以将测验与课程开始或结束前的简单教学提问（口头或书面）结合。不论你选择哪种方法或结合使用哪几种方法，都要尽可能频繁地进行提取练习。

**练习内容与最终考核内容一致** 凡是你希望学生在重要的考试（期中或其他考试）中能够记住的内容，都应该设置在提取练习里。如果你教的课程期末考试会考到主要思想家的姓名和年代，就应该确保在这一学期的课程中，学生练习记忆这些思想家。如果你在期末考试中会考单选题，那就在课堂上让学生做一些选择题，帮助他们进行单选题的提取练习。如果你想在期末考试中考一些既需要记忆又需要思考的简答题，那么就在课堂上设计一些写作练习，让他们练习如何回答这种类型的题目。

**激发学生思考** 还记得威林厄姆的至理名言吗？——“一切经过

思考的内容都会被记住。”让学生思考学习内容来帮助他们记忆。你的提取练习有时可能会以简单的记忆训练的形式出现，毕竟，我们可能都有一些希望学生可以掌握的重点事实和基本信息。举个例子，在我的英国文学概论课上，我希望学生记住罗伯特·彭斯是苏格兰人，因为他的苏格兰人身份对他的写作产生了影响。如果学生忘记了这个关键事实，就不可能对彭斯的诗歌进行深入的分析。要让学生记住彭斯的国籍，我不会让他们在一堆国籍中进行选择，而会让他们做一个简答题：罗伯特·彭斯的国籍对他的写作有怎样的影响？要完成这道题，就需要他们记住彭斯的国籍并对这一信息加以运用。

### 即学即用小贴士：课堂记忆提取练习速成模板

利用简短的课堂活动就可以让记忆提取练习取得很好的效果。几乎每节课或每个学习阶段，你都可以抽出一些时间进行提取练习，即使只是一分钟。但我最喜欢的提取练习方式是利用课程开始和结束前的几分钟提问，或者以定期测验或写作练习的形式进行。

- 在每节课或在线课程刚开始时，请学生回顾上次课程中讲过的内容；如果是口头提问，一定要给学生一些思考的时间。
- 下课前请学生写下当天学习的最重要的概念和一个仍然没有弄明白的问题或疑问（也就是一分钟书面报告）。
- 下课前让学生做关于当天课程内容的一个简单测验或回答一个书面问题，或解决一个与当天教学内容相关的问题。
- 经常（至少每周一次）开展一些小测验，帮助学生巩固基本的课程内容；尽量采用简答题或问题解答测试，这样学生就必须对提取的知识进行处理和运用。

- 利用课程大纲指引学生回忆之前的课程内容，完成测验、口头问答或讨论等任务。

## 小　结

### 学生告别临时抱佛脚，期末成绩显著提高

我曾听一些教师说，他们不愿意进行定期测验，因为他们觉得这种方式把学生当成小孩了，或者改变了课堂氛围——由本来的分享式学习与讨论变成了测试与评估。根据我本人的经验，我刚开始教学的时候，也这么看待测验。我只想和学生兴致勃勃地讨论文学，而不想用小测验或考试的高压策略破坏我们之间的关系。

但我有过太多次不好的经历，看似我和学生进行关于文学的有趣讨论，然而他们根本没有完成我布置的阅读任务（但他们很擅长在讨论过程中假装自己读过作品），或者到期末时把我们讨论的内容忘得一干二净。所以，虽然我理解你们犹豫着是否在课堂上定期进行提取练习，但请你们记住，这种练习可以有效地帮助你们的学生学习基础知识。在这里我要强烈推荐提取练习：它是一项很理想的轻教学活动，不需要你投入太多的时间和精力。

如果你们这么看待提取练习，并督促自己在课堂上进行一些定期小测验或其他提取练习，很有可能在期末时，你的学生会很感谢有这

种练习。这样的练习除了让学生练习记忆之外，还可以确保他们完成阅读任务和作业，他们在期末时就不需要临时抱佛脚来弥补之前落下的功课。像往常一样，你可以明确告诉他们一些研究结果，让他们知道这些研究表明测验和提取练习对学习大有帮助，所以你决定在课堂上采用这种练习，从而帮助他们认识到这些测验的作用。当然，学生可能还是不太喜欢在漫长的10月为了应付这些测验而埋头苦干，但到12月的期末考试，他们的付出得到回报，这时就会认识到这些测验的价值了。

第三章

# 多个知识模块，交错式教学优于单一教学

## 放一放再学：如何快速掌握一门新知识

我利用自己的学术假写这本书，这期间我还同时学西班牙语。多年前读研究生期间，我曾尝试学西班牙语，但没有坚持下去。虽然表面上看我是为了去拉丁美洲旅行才开始学西班牙语，但实际上我最喜欢的消遣活动就是学习语言（你们的生活可能比我的丰富多了，我先暂停让你们回味一下）。在校期间我学过拉丁语、希腊语和法语，在不同的时期我也自学过西班牙语、意大利语和盖尔语。虽然我不能与古罗马或爱尔兰阿兰群岛上以盖尔语为母语的居民深入交谈，但这些语言我都会一点点。因为我花了大量时间记各种外语的词汇和它们的语法结构，所以我对语言学习的过程感到舒适且熟悉。尽管我真正全力以赴学习和掌握一门语言已经是很多年前的事了，但我觉得只要投入足够多的时间和努力，学西班牙语对我来说应该不是难事。

我先参加一个在线课程来帮助我复习之前学过的西班牙语并掌握

基础语言知识，然后我进行了更多的学习活动，比如看西班牙语的小说或电视节目。刚开始的一两个月，我每天花15分钟在线学习，学习内容包括听西班牙语的短句子、对着电脑麦克风进行复读以及西班牙语与英语句子的互译，有时还要完成一些小测验。这个在线课程的每节课都被分为好几个部分，学完一节课需要5分钟，也就是说我每天要学习3节课。课程中的每个部分都会有一些小措施来巩固之前学过的内容，但主要还是集中掌握新词汇和学习新的语法句法。就这样每天学习3节课，一个月后，我发现自己对几天前学的词汇忘得越来越多，还经常在小测验中不合格。我前一天学了“领带”（corbata）这个单词，第二天就会把它和“皮带”（cinturon）混淆。几周之后，这两个单词当中的一个出现在测验里，但我一个都认不出来。和之前学习语言的经历完全不同，这次我学得很慢，每学一课都感到很吃力。这个课程是很多人给我推荐的，所以我觉得这个课程的开发者一定是一些懂得语言习得的人，所以问题一定出在我自己身上。要么是我花的时间不够，要么就是因为我的大脑老化了，所以在语言学习方面也大不如前了，我能做的就是花双倍时间、加倍努力地学习。

有一天，我在主页看到一个标记为“技能强化”的选项卡，就点了进去，然后上了一个5分钟的复习课程。这个课程和常规课程的活动一模一样，唯一的区别就是不学新内容，只复习已经学过的词汇和句子结构。一开始，做这些课程的练习时，我感到非常沮丧，因为里面有很多我已经学过的词汇，但我都不记得了，后来我慢慢开始花更多时间学习这种复习课程。最后，我每日3节新课的常规学习变成了每日一节新课和两节复习课。这样调整学习的数周后，我发现自己开始进入状态，常常能在计时的测验中拿满分，对自己的发音也更自信了。当然，我对新内容的学习进程也慢下来了，但换来的是通过反复地复习，我对新内容的掌握更牢固了，所以这点牺牲不算什么。也许最重要的是，原本让我备受折磨的学习过程现在变得很享受了。

## 交错式学习效应：知识迁移能力这样培养

交错式学习，这个学习原理可以解释我在西班牙语学习中的进步；这个原理涉及两项可以促进长期记忆的活动：(a)分散学习课程内容；(b)混合练习你想掌握的技能。关于学习的文献中，有很多针对这两种练习的研究，学者通常把分散和交错这两个词条区分开来。我将遵循他们的意思，在下面使用这两个不同的词条，而且这一章会推荐分散和交错这两种模式。

为了具体说明这一原理，先来看一项大约30年前的研究，这是一项在美国高中开展的关于法语习得的研究。研究人员把大约50名学生分成了两个小组，让两个小组的学生分别通过不同的方法学习20个新的法语单词。第一组的学生要一次性进行长达30分钟的学习并分别做3个关于这些单词的练习，比如填出英语单词对应的法语单词。第二组学生的学习时长和做的练习与第一组完全一样，但他们分成连续3天的学习，每天学习10分钟。在相关资料中，这两种不同的方法被描述为“集中式学习”和“间隔式学习”(有时也称为分散式学习)。在集中式学习中，学生要学习某一项技能或一部分内容，直到掌握为止；而在分散式学习中，学生会在一段时间内分成几次学习。两组学生都学习完后，针对他们学过的单词进行测试。测试结果显示，两组学生的平均正确率都是16到20个单词。这样的结果在相关资料中经常出现。就短期记忆而言，集中式学习和分散式学习效果差不多，甚至有时集中式学习的效果比分散式学习的效果更好。一个星期之后，在没有事先提醒学生的情况下，研究人员又回到教室再次对他们进行单词测试。这一次两组的测试结果差别很大：用集中式学习的学生平均记住了大概11个单词，而用分散式学习的学生平均记住了大约15个单词。请记住两个小组的学习总时长是一样的，做的练习也是一样的，唯一的不同就是第二组分成几次学习。

大量研究证明了分散式学习的作用。梅根·苏默拉克奇和雅娜·维恩斯坦在《理解我们如何学习：视觉指南》中写道："分散式学习的益处按理说是认知心理学对教育做出的最大贡献之一。"

分散式学习之所以如此有效，其原理一部分来自第一章讲过的提取练习的重要性。记忆的一大难题就是，需要的时候，我们能够从长期记忆中提取出想要的信息。这样的提取练习次数越多，我们就越能掌握这个能力。在集中式学习中，我们专注于反复学习同一部分内容，从不需要到长期记忆的深处获取内容。相比之下，如果采用分散式学习，时间的间隔会让我们慢慢遗忘学过的内容，当我们再次学习的时候就需要从长期记忆中去提取信息，所以，分散式学习迫使我们至少进行一部分的记忆提取。

这种被迫产生的遗忘后提取的循环只是分散式学习产生作用的一部分原因，《超牢记忆法》的作者解释了另外一部分原因：分散式学习中的时间间隔可以让我们的头脑更好地组织和巩固学过的内容。书中是这么写的：

> 要把新学的知识牢牢嵌入长期记忆中，需要一个巩固的过程，在这个过程中，记忆痕迹（大脑中新知识的表象）会得到加强，

被赋予意义，并与已有知识相关联，这个过程可能需要好几个小时甚至好几天来完成。接连进行的练习依赖的是短期记忆，但持久的学习需要花时间进行思维演练……所以，分散的练习效果更好。有些遗忘之后，需要更努力才能提取知识，这进一步加强了记忆。

我们的大脑需要时间对新学的内容进行编码、巩固和组织，分散的时间间隔让大脑有时间完成这个过程。如果你在学习很难的内容时，感到很沮丧，于是放弃了，过几个小时、几天以后，再来学习，发现自己不可思议地掌握了比之前更多的知识，这样的经历就是《超牢记忆法》描述的现象。我记得在我练习弹钢琴的时候，这一现象经常发生。练到某些很难的小节时，我觉得自己可能永远学不会这一段，于是就不弹了。第二天，当我再坐下来弹时，我发现这一段很神奇地比前一天要简单多了。

这一原理给教师和学生的启示很明确：在课程设计中，我们应该多设计分散式学习，也应该鼓励学生分散学习时间。而且，如果我们把分散式学习和交错式学习协调好，还可以进一步帮助我们的学生掌握新技能。交错式学习这个策略指的是打乱顺序学习和训练某项技能的不同成分，我可以用一整周练习开车，另外一周打铁珠，第三周打球入洞。这就是研究人员说的分散式练习。相反，交错式学习策略让我把练习混合起来：每周用一两天交替训练每个技能。对交错式学习的研究清楚地表明，从长远的角度来看，第二种选择更能提升我的技能。以下例子方便让大家明白个中缘由。当我实际打高尔夫球的时候，我没有连续击打18次球，球也没有连续18次入洞。我先击打一个球，再中距离击球，然后再打球入洞。打球的过程中，每次挥动球棒我都得做小小的调整（因为它们大小和形状都稍微不同）。当我做分散式练习，一遍又一遍地用同样的姿势挥动击球，我不需要做调整。交错式练习迫使我学会不仅击中每种类型的球，而且知道如何每次挥动和击球都要调整——这是你想打好整场高尔夫球需要掌握的真正核心的技能。关于学术场景交错式学习作用的研究肯定了这个解释。来看一个在这一领域常被引用的研究，在这个研究中，学生的任务是学会解决涉及不同几何图形的数学问题。实验中，先对所有学生都进行简单的辅导，教他们如何计算4种不同几何图形的体积，并让学生看到解题样例，然后要求他们用学到的知识解答16个不同的问题。辅导和解题练习分开进行，相隔一周。第一组我们称之为模块式学习组的学生接受辅导并解答4道与辅导内容相关的题目，然后接受第二次辅导并再做4道题，以此类推。而另一组我们称之为混合式学习组的学生，一次性学习4种几何图形并解答16道顺序打乱的题目。在解题过程中，模块式学习组的表现更好。第一次学习结束后，模块式学习组解题的正确率达到了89%，而混合式学习组的正确率只有60%。所有练习课程结束一周后，两个小组的学生回到实验室解答一套顺序打乱的8个问题，每个几何图形有两道相关题目。结果令人咋舌：模块式学习组的正确率骤降至20%，而混合组的正确率则提高到了63%。

在这项实验中，两组进行的都是分散式学习；他们都经历了两个阶段，相隔一周的学习过程，并在学习结束后的一周接受了测试。虽然这个实验中没有控制组，即不分开学习和测试，而是让学生一次性集中完成32道题目的解答，但我们也可以根据前面提到的集中式学习和分散式学习的对比研究猜到结果：不论是模块式学习组还是混合式学习组，应该都比这个控制组表现得更好。鉴于两组都使用了间隔式学习，这个实验强调的是交错式学习带来的好处，也就是将学习和练习混合进行，同时分散为几次完成。研究人员在书中简单解释为什么他们认为混合式学习组的成绩最后一定比模块式学习组好："在我们看来，学生在混合练习中不仅要知道如何解答各类问题，还要知道各类问题（各种立体图形）分别应该使用怎样的解答程序（公式），所以混合练习可以让学生在考试中取得更好的成绩。"也就是说，混合式学习组的学生不仅会用公式，还要学会识别问题的类型从而选择相应的解题公式。在普通的教学方式中，学生在课程中先学习公式A，然后在接下来的时间就一直用公式A来解答A类问题，他们知道那节课的题目一定都是A类问题，只要用公式A就一定能解出来，对他们来说这成了一个自动的过程，而混合式学习组的学生则不是这样。因此，《超牢记忆法》的作者在书中说："交错与变化的一大好处，就是能让我们更好地学会如何分析题目，区分不同类型的问题，从而从各种可能的解题方式中选择和使用正确的方式。"作者还说，这一点非常重要，因为真正要解决问题的时候需要这种能力：现实生活也好，期末考试也好（以及打高尔夫球的时候），"问题和机会不可预知地一起出现，毫无章法，只有当我们可以识别问题的类型并选择适当的方式来解答，我们的学习才具有实际价值"。而模块式学习就不需要学生根据题目的具体情况选择相应的解题方式。

以上分析解释了模块式学习的局限和交错式学习的好处，同时也指出所有学生面临的一个深层而又基本的难题：把在原有环境下学到的内容运用到另一个新的、陌生的环境中。这一领域的众多研究得出一致的结论：我们完全不擅长这种知识迁移。米歇尔·米勒在《在线的思想》中写道："知识迁移很难做到，而它又如此重要，这个事实让我们感到不安，毕竟如果无法迁移知识，这样的教育就没什么价值。"我们对某一特定环境中学习概念很熟悉，却无法把它们运用到其他环境。所以学生在我的写作课上学会了一种写作技巧，却从不会想着在历史论文的写作中运用它；学生在生物课上掌握了一种科学方法，却不懂把它运用到心理学课程中。模块式学习或练习加深某一特定环境和在这一环境中学习的技能或概念的联系，而交错式学习迫使我们频繁地将学到的信息和技能在不同环境中进行迁移，从而帮助我们培养将学到的技能运用到新环境的能力。在这个数学实验中，学生在期末考试中遇到的都是打乱顺序的全新的问题，与模块式学习的学生相比，参与交错式学习的学生能更有效地在记忆中找出学到的一整套解题技巧，并把它们运用到新环境中。苏珊·安布罗斯和她的同事认为，培养学生从记忆中提取学过的概念和技能并将其运用到新环境是"教育的核心目标"。与集中式学习相比，交错式学习能更有效地促进这个目标的达成。

讲交错式教学模式之前，我还要澄清很重要的一点。在初级学习阶段，模块式学习或练习并不是一件坏事——甚至对于某些类型的学习任务来说，它是必要的。爱荷华州立大学的两位心理学家最近做了一项研究，比较模块式学习和交错式学习在法语单词发音学习中的作用，几次实验结果都表明，那些采用模块式学习的学生会一遍遍重复熟悉的单词的读音，所以学习效果比采用交错式学习的学生更好。他们还研究了相关资料，其中也有一两个实验表明在某些类型的学习任务中，模块式学习比交错式学习效果更好（尽管他们承认大部分公开发表的研究都证明交错式学习效果更好）。虽然如此，他们最终得出一个非常有道理的结论："不要在整个学习过程中单一使用模块式学习或交错式学习，更好的方法是先进行模块式学习，然后过渡到交错式学习。"我认为模块式学习或练习对任何学习活动来说都是适当的第一步，正如本尼迪克特·凯里所说："这种重复式（或集中式）练习并不是坏事，我们都需要经过一定量的集中式练习来熟悉一项新技能或新的学习内容。"我想，其实我们大多数教师教学生新内容或自己学习的时候，基本都采用模块式的学习或练习。在学习的最初阶段，我们确实需要花一些时间精力集中地学习某个内容。我在这里提出的观点不是让大家不要使用模块式练习，而是希望大家可以使用交错式练习让学生在不同的环境中不断运用学过的内容。模块式学习本身没有问题，但是单一的模块学习，不加以交错式学习，这又叫填鸭式学习，可以获得很好的短期记忆效果，但无法实现长期记忆，期末考试一结束，学生就会把学到的知识忘得一干二净。

最后我想强调的是交错式学习可能乍一看有些混乱，甚至引发你和学生的沮丧，因为按顺序学习新技能、完全掌握一项技能后再练习下一项技能，这样会更干净利落。确实如此，对分散式练习和交错式练习的研究确认了你的猜想：学习者经常发觉交错式练习令人沮丧。我自己亲身经历过这样的沮丧：当我在语言学习项目开始做技能巩固训练时，发现自己很多都不懂，而我本来以为自己是会的。研究也告诉我们大量的练习对短期学习非常有效，这就是学生喜欢这种练习的原因，而且当他们考前做大量的练习，比如考前临时死记硬背，他们也常常考得不错。只要他们在考试之前立马死记硬背，考试结果立竿见影。但如果他们想让学习持续到接下来的几个小时或隔天，就得采用另一个途径。

## 教学模式：如何调整课程设计实现交错式教学

轻教学理念在交错式学习原则下的运用更多体现在对课程设计的调整上，而不是具体的课程活动上。所以下面的教学模式不怎么涉及具体学科的案例，主要讲的是如何在三种不同环境中实现交错式教学：（a）合理设计评价计划；（b）合理安排课堂教学时间；（c）使用在线课程管理系统。

### 累积性考试

把以上我们讲过的关于提取练习重要性和交错式学习效果的研究结合起来，就会得出一个明确的启示：课程中的所有考试内容都应该是累积性的。针对学习机制的研究证实了这个观点。近来有一项研究对比心理学课程中的累积性考试和非累积性考试，研究人员让学生学完一系列心理学课程后，隔一段时间再参加考试，然后分析考试成绩，从中发现参加过累积性期末考试的学生比参加非累积性期末考试的学生成绩更好。在某些课程中，累积性期末考试带来的积极效果甚至可以持续到完成课程学习的18个月之后。

更广泛地说，每一次重要的课后任务都应该要求学生对上一单元学过的内容、思想或技能进行哪怕一点儿的提取练习。这不是说把课程的三个考试分成三个部分，分配到课程头三个单元分别考一次，而是应该以第三单元的内容为主，让第三单元的内容占考试内容的三分之二或四分之三，剩下的三分之一或四分之一的内容要求学生运用前两个单元学过的内容。我们还可以在作业或考试题中让学生对比现在正在学习的内容或技能和之前学过的内容。我的文学概论课一学期有4

个单元的内容，在每个单元的考试中，我都会要求学生回答3—4道论述题。第一次考试后的每一次考试中，都会有一道论述题请他们将现在学习的某位作家、事件或思潮跟前面学过的内容进行对比。通过这种方式提醒他们，一定要不断回顾我们学过的作家或思想。

## 累积性小测

小测验是应用交错式学习的另一个好机会。每次小测验中，我们都可以用一部分题目考查之前学过的内容，然后整个学期都坚持这样做。如果你每周进行一次小测验，一次考10道单选题，那么可以在每次测验中专门留出两道题考查之前学过的内容。或者如果你像我一样每次测验只考一个问题，要求用一段文字作答，那么每隔3—4次测验就应该有一次要求学生回顾前面学过的内容。帕特里斯·贝恩在《强有力的教学》中描述自己在每周课程结束时使用的“大篮子测试”。“大篮子”包含整门课程所有的测试题。每周课程结束的测试包含当前这一周所学内容的测试题，也有一些从“大篮子”提取的问题。这个过程让学生每周回顾的学习材料更随机，比起费尽心思思考如何测试并算计着先前的测试如何以及何时拿出来用，你可能觉得这个方法更容易执行。随着学年课程的进展，贝恩也从“大篮子”里挑了一些与课程内容相关但属于次要内容的测试题，如此确保学生明确内容主次之分，明白在先前单元做的测试题不仅重要，而且他们能够解答。

总的来说，你可以统筹整个学期要进行的测验及考试，利用它们帮助学生强化整个学期学过的内容。如果你不进行累积性期末考试，学生就会以为前面学的内容不再重要。如果你只是进行累积性期末考试，而不在平时开展累积性小测验或累积性期中考试来考查前面学过的内容，你就没有帮助学生巩固和强化学期初期学过的内容。

这里还要重申一点，学生对于累积性考试或累积性小测并不会热情高涨（至少在初期不会），这一点就算我在这里不说，你自己很快也会发现的。我一开始对之前学过的西班牙语词汇进行自测时，意识到自己没记住多少，感到很沮丧。学生一开始也有同感，他们本以为自己学过的内容都已经掌握了，测验或考试都不会有问题，结果却发现并不是这样。玛丽莲·魏玛在网站“聚焦教师”上发过一个关于累积性考试的帖子，里面讲了一些很好的建议，可以帮助学生接受累积性考试，同时也很符合轻教学理念，它们只需要投入少量的课堂时间就能完成：

- 每节课开始时提出一个之前考过的考题或与之前课程内容相关的问题，给学生一些时间思考并讨论他们的答案。
- 下课前让学生根据当堂课的内容设计一个考题，在之后的课程中问学生这个问题。
- 课程开始或结束前请学生打开上一堂课的笔记，从中找出三个最重要的原理，并给一些时间让学生讨论他们划出的内容。

这样的策略让你得以在开学伊始就让学生知道课程学到的内容是需要累积的，而且也能帮助学生做好准备顺利通过累积性考试。

## 混合课堂学习内容

在第五章我将提及一个案例，即你应该在课堂给学生时间练习他们在测试之前必须掌握的技能。如果你给他们做累积性考试并在你的小测中混合技能和知识，你需要给学生机会在课堂练习这些活动。你最后的测试肯定不会给学生解释考试当中的每个问题将应用什么技能或知识，也不会跟他们解释考卷上每一页的内容。这就要求他们学会区分及适应，学会理解如何在新语境中应用在你的课程中学到的许多技能。你的学生应该在课上做一些相关的练习。为了实现这一点，你得考虑如何在课堂安排分散和交错的练习机会。如果你教写作，你可能让学生随堂练习写作，那么你应该如何安排相应的分散练习和交错练习？如果你教数学，你有时让学生随堂解答数学题，那么你应该如何安排相应的分散练习和交错练习？要回答这个问题很有挑战，但值得反思。

每年或每两年我都会教文学概论课，我们在这门课帮学生解读文学，让他们大量阅读三个主要的文类：诗歌、小说和戏剧。几乎市面上的每种文学课本，几乎我见过的这门课的每个课程大纲，都让学生通过模块式练习的方式学习如何解读这三个文类。我们花了5周的时间解读诗歌，学习诸如象征主义和意象这样的内容；花5周的时间学小说，学习诸如人物和场景这样的内容；然后花5周的时间学戏剧，学习诸如讽刺和表演这样的内容。我们学习的每个解读工具都能应用于这三种文类，但上述的模块式学习模糊了这个事实。比如，象征符号出现在诗歌里头，但小说和戏剧也有象征符号。戏剧中有人物，但故事或者诗歌里头也有人物，他们往往是言说者。在我的文学概论课上，学生花了很多时间独自或以小组为单位做解读练习：我可能让他们分组，让每个小组找出某首诗歌的所有意象和潜在的符号，或者通过场景和人物的视角分析一个故事。如果我想让他们做交错式练习，至少每隔一段时间我就得让他们读一部文学作品，并给他们一份我们在课上学习的解读策略清单（包含三个文类），然后跟他们说：你们告诉我在这里应该用什么解读策略，不要把自己局限在与某个文类相关的策略。事实上，我真正强调的是，我可能要求他们至少选择一项我们在学那个文类时没考虑到的策略。这会迫使他们考虑在小说的语境下应用什么策略以及如何应用——这是交错式练习应该帮大家掌握的核心技能。

根据这个例子，思考你的课程该怎么做。比如，每周或每隔一周留出15分钟的课堂时间，给学生一个新奇的问题以及一份他们到目前为止所学内容的清单，然后问他们：你们将如何解答这个问题？你的学生做这样的练习越多，他们在期末测试中就会越成功——而且课程之外他们遇到新奇的语境时也知道如何应对。

### 在线学习环境

米勒在《在线的思想》中提出，在线学习环境为学生提供了交错式学习体验的理想平台。正如我们在第一章讲到，她建议采用“错开在线任务的截止日期以确保分散式学习而不是集中式学习”的策略。在线上课程中，米勒建议教师建立“一个周期性的周时间表，让各种任务（讨论、测验、作业和诸如主要考试或论文之类的更重要的任务）的截止日期分布在不同的日子。你可以将教学安排设置为允许学生超前学习，但不能落后于进度；当然有些学生集中学完内容，很早就提交所有任务，但这样的学生凤毛麟角”。错开学习任务的截止日期这一方法对多数学生会起到预期的作用，尤其当每个星期或每个单元的内容定期出现在不同的考核中时，作用会更明显。米勒认为“当你在课程设计中优先考虑分散式和交错式学习时，就能为学生设定一套灵活多样的任务截止日期”，对于在网络环境中学习的学生来说，他们需要更加灵活地安排学习时间，这样会为他们制造一些难度。在许多教学领域，你可能无法按照交错式学习相关研究资料推荐的那样，把学习任务的截止日期分散得很开，但即便你花一点点心思稍微分散一下截止日期和学习内容，都会很有帮助。

在混合课程中，你可能会思考如何将课堂教学与网络教学结合起来，从而得以综合运用模块式学习和交错式学习。也许在面对面教学中，你会集中进行某些知识和技能的教学，在50到75分钟的时间里，一次性全部讲解教学内容。尤其是如果你一周只有一次线下课程，你会觉得必须利用这一次课进行模块式学习，从而让学生初步掌握学习内容并建立完成在线学习任务的信心。而在进行在线任务和在讨论区讨论时，你不仅要让学生继续学习最近讲过的内容，还要不断引导他们回顾之前学过的内容，并让他们把两者联系起来。你还可以利用错开的截止日期最大限度发挥在线学习的作用。这种教学策略的应用次序也很方便变换，即利用在线任务让学生集中学习某些技能，而在面对面教学中，让学生做混合练习，让他们提取整个课程中学到的技能和思想。以上两种方式很难确定哪个更好，但无论采取哪种策略都取决于你教的课程类型，像我就比较适合在面对面课程和在线课程中综合使用模块式学习和交错式学习。你在设计课程教学计划的时候可以借鉴一下这些方法，对自己的设计做出一些小改变。

## *准 则*

把交错式学习融入教学，请记住，因为分散式或交错式学习可以促进长期记忆。要想实现这一方法，最简单的轻教学步骤是，通过累积性的测验或考试，将课程内容分散成不同部分。如果这样做的效果不错，接下来你就可以逐步设计一个考评系统，激发更全面的交错式学习。

**模块式学习和交错式学习** 对许多教师（包括我）来说，模块式学习可能是课程计划的主体部分。这一章的内容并没有要求大家把模块式教学从课程中剔除出去，只是建议大家在此基础上添加交错式教学。就像关于学习法语发音的那个实验得出的结果一样，学生肯定都需要先接受一些模块式或集中式练习，才能初步掌握新的学习内容和技能。教师当然要花一些时间深入讲解某个解题技巧或新的学习内容，但一定要确保在整个学期的学习中，让学生一遍遍地回顾这些内容，让他们在多种情境下接触这些内容，这样才能一直提升学过的知识和技能。

**不用太复杂，但一定要频繁** 和提取练习一样，交错式学习也需要频繁进行，让学生在整个学期的课堂学习或考评中常常回顾重要的概念和技巧。如果每节课、每次小测验或考试中，你都能给学生提供至少一次交错练习的机会，那么你就能让他们多次回顾课程中的重点。要做到这一点，课堂上的交错练习就得简短并且容易操作。就像前面讲过的预测练习和提取练习一样，你也可以利用课程开始和结束前的几分钟让学生练习前面学过的内容或将他们引向将要学习的内容，利用这些窗口时间提出或讨论之前考过的考题或作业中出现的题目，然后额外提出一个问题让学生解答，或者强调并复习学过的内容。

**向学生解释交错式学习的目的并坚持做下去** 交错式学习会带来一些挫败感，至少在初期会给学生这种感觉。在一些实验中，让学生自己选择学习方式时，他们大多会选择模块式学习，而不是交错式学习，因为模块式学习会让他们觉得自己已经掌握了学习内容。还没完全掌握某项内容却被叫停，这会让人觉得很受挫。而当你以为自己掌握了某项内容或技能，可回忆起来才发现并不像自己想象的那样掌握得好时，这也会产生同样的挫败感。所以，一定要告诉学生交错式学习的好处，告诉他们你设置这些测验的本质，以及短期学习和长期学习的区别。你也许会发现学生在前几次累积性考试中的成绩很差，那么我们建议你降低前几次考试成绩在总体课程评分中所占的比重，因为交错式学习会给学生带来一些挑战，所以需要让学生先通过前几次考试来适应这种挑战。

### 即学即用小贴士：交错式教学速成模板

既然课程开始和结束前的几分钟那么好用，我们就可以利用这些时间段进行交错式教学。每一次课程考评的机会，从小测验到论文、考试还有课堂展示都可以用来开展你的交错式教学。

- 在每一次的大型考试（或小型考试，比如小测验）中都留一小部分考题，让学生运用之前学过的内容解答。
- 在课程一开始或结束前给学生一些机会，让他们提取学过的知识、练习前面学到的技巧，或将学过的知识和技巧运用到新环境中。
- 在小测验或考试中设置一些考题，让学生把新学到的内容与前面学过的内容联系起来，或者根据新学的内容修正自己对前面学过的内容的理解。
- 在混合课程或在线课程中，错开安排不同任务的截止日期和测验日期，让学生可以受益于分散式学习。

# 小结

## 学生的长期记忆力是这样提高的

关于分散式学习和交错式学习的作用，教师自身成长和进步的过程可能是我能够提供的最令人信服的证据。如果你打算采用我在前三章呈现的某个教学模式，试着把这个模式融入你每周所有的课程，随着时间的推移你当然能越做越好。实践了6个月肯定比第一次尝试的时候能够更好地理解如何有效地使用技巧。你的提升部分根源于这样的事实，即分散式学习和交错式学习帮助你更好地掌握应用的技巧。如果你某一周安排一个轻教学技巧，隔了几周之后再回顾这个技巧，然后至少间隔寒暑假这么长的时间再回顾。那么你会发现，你没有教学的时候，你的大脑还在幕后工作，巩固你对这项技能的认知，并设计实践的新方式。每次你踏进教室，你就会从先前的尝试提取知识，你会想起当时什么奏效、什么不管用，然后纠正你对技巧的应用。这个过程涉及一点点预测、提取以及分散式练习。

但如果你想在自己所有的课程都尝试一项新技巧——如果是我，我可能会在我的英语写作课和英国文学概论课尝试——那么你得从不同的语境实践这项技巧，在不同的语境中相应改变，就像交错式学习相关研究推荐的做法。在不同课程之间使用同样的技巧能帮你学会区分和微调你对这项技巧的理解。一开始你可能会以同样的方式在所有的课程尝试这项技巧。最终你开始意识到每门课对这项技巧的应用都有细微的差别：在我的写作课我可能会这么做；在我的文学课可能得用另外一种方式。你会意识到某个技巧对于一年级的学生真的如我描述的那般奏效；而对于高年级的学生或研究生得用不同的方式应用。你会发现一些技巧在一些语境中很管用，但在另外一些语境中却不奏效——这样的意识会推动你进一步思考教学并为未来开启新的洞见。

在19世纪末，威廉·詹姆斯通过不同渠道做了一系列展示，他在展示中谈及教师如何从崭露头角的心理学科受益。他后来根据这些讲座写了一本书，该书在一个世纪前出版，他在书中强调分散式学习和交错式学习对于深层次学习的重要性：

你现在看到为何“临时死记硬背”是很糟糕的一种学习方式。死记硬背试图在严酷的考验之前通过即时强化应用来记住学习内容。但如此学到的东西可以应用的场合不多。相反，同样的知识以不同的方式重复出现，出现在不同的语境中，一再被阅读、背诵、引用、与其他知识关联以及回顾，如此才能精雕细琢、牢记于心。

作为英语教授的我非常喜欢这个引言，我特别喜欢最后这个优雅的短语：“精雕细琢、牢记于心”。如果这就是你为学生们寻求的学习方式，想办法帮助他们做分散式学习和交错式学习。

SMALLTEACHING

第二部分

# 这样设计教学细节

# 知识理解更透彻

在第一部分的开篇中，我花了大量篇幅说服大家：在课堂上花时间让学生获得知识是值得的——我们不能把这个重要任务交给谷歌完成，或者指望先修课程已经完成了这项基础工作。我应该不需要在第二部分的开篇又来说服大家：帮助学生培养领悟力、提高学生解决问题的能力从而让他们成为更优秀的写作者和演讲者很重要。你大概也意识到自己作为一名教师，这是你的主要任务，这些也的确是你应该做的。如果你在读这本书，或者相同类型的书，你可能已经开始实践一些教学策略促进学生"主动学习"。主动学习的学生在课堂上不是被动地坐在那里，而会花时间主动去学习。但在接下来的三章中，你会发现，帮助学生提高领悟力，或学会诸如解答数学题、赏析诗歌之类的复杂的认知技能，仅仅让学生提问、组织讨论、开展小组活动或布置在线练习是不够的。上述这些活动我们肯定想做一些或全部都想做，但如果要做这样的活动，就要有目的地做，要做得明明白白，并且要先了解有关人类学习机制的研究资料。教师常常以为在课堂上采用讨论（小组活动或其他方式）而不是枯燥的讲解，就能让学生主动学习，也能让学生对内容有更深刻的理解。不幸的是，情况并非总是如此。

一说到主动学习，现在老师们立马想到一个词——翻转课堂。这个词近来很火，指的是学生在课下自主完成学习内容，而课上由教师引导进行一些诸如解答问题、批判性思考和写作等活动的课堂架构。许多人文学科的课堂已经把翻转课堂作为标准的操作流程使用了几十年。在科学、技术、工程、数学（简称STEM）科目中，传统的教学模式是教师先在课堂上讲解知识点，然后让学生课后完成练习，翻转课堂则颠倒了这个教学模式。近年来，各种教学新科技的涌现让越来越多的教师可以这样颠倒课堂教学模式，也使翻转课堂在美国教育界得到迅速传播，而它在教学效果上的好名声自不必提。一家推销翻转课堂学习资料的公司在2013年发布的一篇新闻稿中得意地报道：大约有一半的大学教师尝试了翻转课堂或近期准备尝试。而且，报道中还说"有57%已经尝试过翻转课堂的教师都表示，翻转课堂的教学方法'非常成功'或'成功'"。数据表明，大多数教师都将主动学习策略带入了课堂并获得不错的效果，这让我们觉得是一个好现象。但即使不是数学教授，我也能注意到这项调查结果显示，有43%使用了翻转课堂的教师并没有获得什么效果，他们在对课堂架构进行大幅调整（这个过程通常要花很多精力和时间）以后，要么学生在学习上并无提高，要么他们的学习甚至不如以前。

罗伯特·塔伯特是一位数学家，同时还是《高等教育纪事报》的固定撰稿人。他常常写一些关于翻转课堂的文章，在一篇文章中他说得很对：用一节课开展一些认知活动（而不是简单的知识点讲解）其实就是一个框架策略，产生的结果可能褒贬不一。文中具体是这么写的：

翻转课堂不一定就能带来很好的学习体验，它仅仅把知识迁移安排到课后进行，从而为教师们提供了空间和时间，让他们可以为课堂设计其他学习活动并施行。但教师们要合理运用这些空间和时间。翻转课堂有时效果并不好。

也就是说，不管是大型课堂还是小型研讨会，任何一种形式的课堂都需要认真巧妙的设计，翻转课堂也一样。我从自己的教学生涯开始至今，一直在用翻转课堂教文学课。我让学生在课前先阅读文学作品，然后在课堂上一起讨论如何解读这些文学作品。但很多次讨论结束后，甚至在一些活跃有趣的讨论结束后，我都会想：学生究竟有没有学到东西，特别是有没有学到一些可以提高他们的写作能力或考试成绩的技巧。在翻转课堂中，学生看似一直在进行学习任务，但这并不代表他们就学到了东西。

我还记得自己大学时修了一门有关文艺复兴时期文学的课程。课上，教师给我们分了小组，让我们讨论那天学的作品中的重要段落。我很讨厌那种课堂，觉得一点儿意义也没有，而且我什么也没学到。现在，经过这么多年的教学，也读过许多有关教育教学和学习的资料，再回头看当时那些课程，我总结出许多问题：首先，教师只是模糊地命令我们讨论这些段落，我们并没有明确需要完成的任务；其次，在我们讨论的过程中，教师没有给予任何指导和监督，而是在讲台那边不知道在做些什么；最后，可能我们的小组讨论和期末论文的写作与考试有一些联系，但教师当时并没有明确告诉我们其中的联系。塔伯特指出，有效的翻转课堂学习要求师生之间频繁互动。他在文章中把这种互动比作“训练时教练与队员之间的那种互动。教练不会帮队员做这些练习，但也不会站在一旁让队员胡乱练习”。确实如此。但我们可能都遇到过指导不力的教练，所以问题比这复杂多了。某些互动和反馈方式比其他方式更能促进学习，就像某些认知活动比其他活动更能促进学习一样。

这一部分的三章内容会讲到一些能够在课堂上——不管你认为它是翻转的还是非翻转的——促进学生进行主动学习的轻教学策略。这些策略简单、有效，并且还有人类学习机制的相关研究作为理论基础，其中任何一个策略都能成为你设计整堂课或多堂课的学习活动的基础。在我的课堂，已经证实这些策略的确行之有效。我在每一章的“教学模式”部分都提供了一些例子和想法，告诉大家如何让这些策略适应轻教学活动的框架。比如，其中一些策略会告诉你如何在一堂课的最后，利用10—15分钟的轻教学活动时间总结整堂课的内容。你会发现，这些活动也许是结束一堂课的最佳方式。另外，这一章的三大主要概念——关联、练习和解释则可以被当成是翻转课堂、有效的小组互动、新的课后作业或评估。

第一部分介绍的轻教学方法都是先让学生有效地接触学习内容，然后精心策划教学顺序并对内容进行回顾，从而帮助学生打下坚实的知识基础。但学习并不像建房子，这一点大家在交错式学习这一章中应该深有体会，所以并不一定要完全掌握一项认知活动后再进入下一项。同样的道理，学生完全可以一边打好知识基础，一边探索和尝试不同的方法把学到的知识应用到更广泛的认知活动中。接下来的几章会讲到一些轻教学方法，让你能够在线下课堂或线上课程帮助学生加深对知识的领悟，提高学生的分析能力，从而促进他们的学习，让他们能够有意识地实践各种认知技能。

第四章

# 灵活使用框架图，知识体系更连贯

## 把握知识间的联系：如何像专家一样学习

英国作家乔治·奥威尔，可能大家只知道他是《动物庄园》和《1984》的作者，但其实他一生创作了大量小说和非小说类作品，所有已出版和未经出版的文字加起来有8000多页。因为我的研究领域是英国文学，而且一部分研究重心是奥威尔的作品，所以我读过他的许多（尽管不是全部）作品，其中包括《牧师的女儿》。这本小说刚出版时没什么人读过，现在恐怕就更少有人读了。这本小说是我最喜欢的奥威尔作品之一，尽管奥威尔本人并不这么认为。他非常讨厌自己的这部作品，以至于在他有生之年，竟然禁止这部作品再版。这本小说的故事发生在20世纪早期，主角多萝西·哈瑞和她那自私又冷漠的牧师父亲住在英国乡村。在小说的前半部分，多萝西遭受不幸事故后在伦敦醒来，完全失忆。几番流落街头和干了一些季节性的农活后，她最终成为郊区一间小私立学校的教师，她的学生都是五六岁到十几岁的孩子。第一次上课时，她感到非常失望，以前的教师教学时都采用机械的、死记硬背的方法，这显然是行不通的。如果无知如同浩瀚无际的海洋，那么学生学到的所有知识就像海洋中的一个个“小孤岛”，这些分散的小块知识没有关联起来，书中这么写道：“很明显，他们的学习都是以一种完全机械的方式进行的，所以当他们需要独立思考时，只会茫然地张大嘴巴看着你。”

奥威尔本人曾在一家英国寄宿学校执教多年，他在书中对多萝西的学生的描述大概是源于他自己的教学经历。我倒是很少看到我的学生茫然地张大嘴巴看着我，但他的描写一下子抓住了我的注意力，因为这种现象在课堂上确实经常出现。通常在我要求学生关联分散的概念或技巧，换句话说，也就是让学生在奥威尔说的毫无关联的小岛之间建立桥梁的时候，就会出现这种场景。比如，英国文学概论课上，讲到一个新作家时，我可能会在课堂上先指出这个作家的生平或作品中的一些显著特征，然后让学生说出我们之前学过的具有相同特征的某个作家的名字。我会说：“这是一位苏格兰作家，我们上一次讲过的苏格兰作家是谁？”回应我的是一片茫然的眼神。学生没有将英国文学看成一个整体，其中包含许多故事情节、子情节和人物等；相反，他们只看到作家A、作家B，然后是作家C……他们可以分析并记住每个作家的主要作品和特征，但无法把这些作家关联起来。

这个问题在学期初尤为明显。在《学习如何奏效》这本书中，作者苏珊·安布罗斯和她的合著者清楚地解释了这个问题，他们指出，某个领域的初学者和专家在处理新知识方面完全不同。书中说：“专家脑海中的已知概念、事实与技能之间有着更加密集的关联网络。”当他们遇到专业领域的新信息或新思想时，立即把它放入一个发展成熟的知识网络中，让他们看到新知识和众多已知信息之间的联系。当我读到近期英国文学的一部作品时，我立即看到这个作品与其他相似作品、英国历史上的重大事件、英国某一地区甚至当时的时事之间的联系。而我的学生，作为这一领域的初学者，对这一作品的了解，借用《学习如何奏效》中的话，则是“零散、浅薄的”。特别是在学期初，安布罗斯等人认为，学生可能“从每一节课中都吸收到知识，但却无法将一节课上吸收的知识与其他课上学到的内容联系起来，也看不到贯穿整个课程的主题”。他们对英国历史不够了解，不知道苏格兰与英格兰地区有着一段复杂而不愉快的历史，所以无法将苏格兰作家在作品中对南方邻居——英格兰的描写与这段历史联系起来。

简单地说，学生在特定情境下可以从学到的知识中提取相应的信息，但他们缺少对知识的领悟和理解。

而之所以缺少对知识的理解，更简单来说，是因为他们没有将知识关联起来。

## 框架图效应：怎样帮助大脑建立知识网络

詹姆斯·祖尔是一名生物学家，他突然想到对大脑生理机制更好的理解可以帮助教师更有效地教学，于是他的职业生涯发生了有趣的转折。他的第一本书《改变大脑的艺术：通过探索学习的生理机制来促进教学》，这个书名本身很好地诠释他想让教师明白的道理：在我们学习新知识的同时，也在改变着大脑。当我们帮助别人（比如我们的学生）学习新知识时，我们在改变他们的大脑。那么，我们自然需要了解一下大脑的工作机制，这样才能配合我们改变他们学习中的大脑。我上一次修科学课程还是25年前的通用科学概念，所以你们可以想象，当我看到祖尔的这本书把大脑研究转化为图像和文字，让我这样的英语教授也能读懂，我是多么开心。

这一章将会讲到建立关联与提高理解力之间的关系，为了更好地理解这一话题，先来看看祖尔如何描述我们学习时大脑发生的变化。我们的大脑中布满了被称为“神经元”的细胞，我们思考的时候，就是这些细胞在起作用。大脑中至少有1000亿个神经元，神经元中又含有一种叫轴突的树状结构，轴突可以让众多神经元之间进行信号传递。这种信号的传递并不是靠轴突末端相互接触实现的，而是在神经元之间，被称为“突触缝隙”的微小空间中释放一种化学神经传递素来实现信号传递。按祖尔的通俗说法，神经元“尤善交际”。一个神经元竟然可以与附近或远处的其他神经元建立上万条联系（他说，轴突可以延伸到1.8米那么长）。当神经元之间形成新联系时，我们就会产生新感觉、新想法和新行为。随着神经元之间以新的方式建立联系、不断增加和巩固新的联系，它们就形成了网络。当神经元之间第一次以新的方式联系起来时，这种联系是临时的、短暂的；如果这种联系被再次使用（由于我们重复某一思想或让某一经历再现），就会得到加强。这一路径被使用的次数越多，联系就越牢固。

简单了解大脑的情况后，我们现在可以更好地理解祖尔说的这句话：学习可以改变大脑，更确切地说，改变我们的神经网络。“我们的知识体系是由大脑的神经网络组成的，所以知识要增长，神经网络就必须发生物理变化，教师就是要创造这样的变化。这是神经元之间的联系产生变化……没有这种联系上的变化，就不会产生学习过程。”根据这一解释，我们了解到，我们的经历会让大脑形成新的神经网络或对已经建立的神经网络进行调整；确切地说，学习的过程就是我们大脑的神经元之间不断形成新联系的过程。回头再想想奥威尔描述的那个画面真的相当贴切：多萝西在她学生身上观察到的情况是，学生无法运用单独的、个别的知识点，它们确实就像一座座孤岛。这样的知识点在我们的大脑中缺乏与其他神经网络之间的关联。当教师给我们讲解一些知识点时，大脑初次产生了神经关联，这种关联在极少的情况下会得到再次激发。而对于已经完全理解的知识点，我们会深入思考并将其运用到新的环境中，所以它会与大脑的许多神经网络联系。知识点可能一开始来自教师，然后我们意识到它与已知的一些信息相关，当天过后在电影中看到相似内容的时候我们又会想起它，然后还能将它运用到论文的写作中。每次对这部分知识的新运用都会把它与其他知识网络进行关联，直到它最终形成一个交错复杂的关联网络的中心，这才是真正的领悟和理解。（我在修订第二版时，媒体也在报道欧克利、罗戈夫斯基以及谢诺夫斯基的优秀作品《不同寻常的教学：大脑科学的实用见解有助于学生学习》。读者可以在本书第一章找到提及的新近关于学习作为神经关联的研究成果。）

因此，简单地说，培养学生的领悟力就是要帮助他们在大脑中形成丰富的、相互关联的知识网络，这样的网络可以让我们将所学领域的已有知识与其他信息、概念和思想进行关联。从大脑的生理特性回到我们对学生领悟力的思考，也就是我们希望学生在所学领域拥有丰富的知识框架，让他们可以通过有意义、有成效的方式将信息关联并且组织起来。前面几章中我们讲到如何帮助学生在大脑中建立和巩固新联系，从而让学生可以在需要的时候提取学过的内容。这一章我们会讲到如何将这些关联扩大为网络，让学生可以对知识有整体把握，理解其含义，将所学的内容运用到新环境中等等。作为教师，我们的责任也变多：我们要促进学生建立关联。

在你教的领域里，你是专家，你的知识网络充满了关联。而作为一名教师，你的任务就是帮助学生在你的课程领域发展一个关联更加紧密的知识或技能体系。

学生在某个知识领域的关联越多，他们越能够更好地学习和记忆那个领域的新知识——这可能是在你的教学中强调关联最重要的理由。这个理念在一个著名的关于记忆的小研究中得以阐释。这项研究是英国心理学家在20世纪80年代早期开展的。在这项研究中，研究人员在刚上课的时候给100多位大学生看了一张足球的比分清单，但并没有让他们记住清单上的分数。隔了一会儿之后，他们对学生进行测试，想看看他们对足球的了解程度。测试中有一些类似这样的问题："伯明翰队的主教练是谁？"然后他们又发给学生一张清单，上面是参加了比赛的足球队，学生需要在上面填上之前看到的比分。研究人员通过对这两次测试对比发现，对足球有更多了解的学生也更加善于记忆比分。这个实验通常会被用来说明先验知识对新内容的学习具有重要作用，我们在第一章预先测验中已经讲到这一点。

但如果我们仔细想想这个实验，就会发现它很好地展示了关联的作用。对足球有一定了解的学生能够通过将足球比分和他们对比分的其他了解进行关联，从而赋予这些比分意义。举个例子，一支表现一直平平的球队竟然赢了一支有夺冠能力的球队，对于这样的比分他们可能会觉得有些失望。或者他们可能记得其中一支球队最近新加入了一名明星球员，从而联想到，这名明星球员可能给比赛结果带来的影响，又或者某个比分可能意味着某支队伍将晋级即将进行的决赛。在这些情况中，对足球比较了解的学生拥有一个丰富的关联网络，在这一网络中，众多足球方面的信息相互联系，比如一些球员的情况及他们的背景、最喜欢的队伍近期和过去的胜负记录、近期的营运，等等。

这种丰富的关联网络让他们可以吸收新信息（足球赛的比分）并将它安置于一个有意义的位置。我们越是帮助学生建立这个领域丰富的知识网络，就越能促进他们对我们教的内容的理解和领悟。

这里我们要注意一个重要的限定条件。我们不能直接激发学生大脑中的突触，学生必须自己建立关联，这样才会有意义也才会有效。教师的任务是创造环境促进关联的形成，而不是直接告诉学生这些关联。我在英国文学课上，总跟学生讲英国文学史上不同作者和事件之间的关联，但总是由我来告诉他们这些关联是不行的，他们应该在教师的帮助下自己在大脑中建立这种关联网络。

《教学生如何学习：你可以融入任何课程的策略来提升学生的元认知、学习技能和动力》是桑德拉·麦圭尔的著作，她在书中指出多数教师为学生做知识关联模型这方面做得不错。我们只需再多花点工夫让学生自己做以下的事情：

> 我们不用为他们做关联。事实上，如果我们不这么做会更好。我们只需抛砖引玉般抛出一个概念，然后问学生："这让你回想起日常生活中遇见的什么？"当学生回应的时候，他们能说出最棒的例子和想法，这些不仅给他们学习和掌握知识提供了一个有效途径，而且对他们而言是最有效的途径。

最后一点很重要。当你为学生做关联的时候——比如，指出一些课程概念如何跟最近上热搜的流行文化关联——你做了能够与你共鸣的关联。但你的学生可能对你喜欢的流行文化不感兴趣，因此这样的关联对他们来说没什么作用。当你邀请并鼓励学生设计自己的关联时，这些关联肯定对他们来说更有意义。

## 教学模式：如何在教学中应用框架图

在整个学期或任何一节课中都可以采用一些方法帮助学生修正和加强知识间的关联。以下四种方法可以让学生在学期初激活已有知识，以及在整个学期的学习过程中，不管借助技术手段与否，都能不断建立相互关联的知识网络，并且在期末为期末考试或其他测试做好准备。这部分的轻教学不但以课堂内外小活动的形式进行，还会有持续整节课的活动，这种活动可以帮助学生将整个学期学到的内容进行关联。

### 关联笔记本

早期读者和学者一般用摘录本创建他们所知事情的关联。摘录本是日记和剪贴簿的独特结合，人们可以在这样的本子上摘抄他们心爱之书的段落、宝贵的引言和隽语、鼓舞人心的赞美诗、食谱、想法以及任何人们想要保存和记忆的东西。它就是一个知识宝典。摘录本如此有用、受欢迎，英国哲学家约翰·洛克还为摘录本的作者写了一部指南。摘录本可以像几百年前为人们做的一样也为当今的学生提供同样的功能——帮助学生保存并关联他们学过的知识以及他们正在学习的知识。记录摘录本不仅帮人们记事或者关联所学知识，而且可以激发创意想法，当学生看到课程话题以新的、有创意的方式与其他想法关联，那么大脑的知识也随之关联、碰撞出思想火花。

写完这本书第一版时，我在自己的课堂上把选用的摘录本重新命名为关联笔记本。从此它们成为我最爱的轻教学策略，而且它们总能吸引参加轻教学工作坊的教师的注意。在学期伊始，我给学生一个蓝色测试本，然后让他们每天都带来上课。一周一次，在下课前，我让学生拿出他们的关联笔记本，写一段对于关联问题或我给他们的提示的回应。以下是我使用的问题类型和提示：

- 今天课堂你学到哪些内容跟你在课堂另外的学习或讨论的内容有关联，不管是大学或高中甚至是小学的某个课堂？
- 今天的课程内容如何在校园中或在你的家庭生活中显现？解释显现的一种方式。
- 你可以找出一个电视节目、一部电影或一本书描述今天的课程内容吗？
- 描述今天的课程材料如何与上周的学习内容关联。
- 把今天的课程材料跟当前新闻播报的政治或文化事件关联。

有时学生写下对当前提示的回应，然后就下课，但有时我会提早几分钟开始这项活动，在下课之前邀请一些学生分享他们写的内容。一整个学期这些摘录本我收上来3次，算作课程成绩的一部分。只要他们给我写一个段落就能得满分。这是课程最简单的作业，我告诉他们——你的摘录本作业成绩要拿A的话你只需来教室写你的段落。

课程的最后几分钟如果再讲什么学习内容可能会比较匆忙，而且也没什么意义，因为我们一般得提高嗓门，盖过学生收拾东西的嘈杂声，学生也准备好往门口冲。关联笔记本——也可以通过线上讨论的模式开展——可以让这最后的几分钟慢下来，让它们更富有成效。当你邀请你的学生通过这种特定方式关联时，你会发现自己为学生对课程材料跟他们周围世界的奇妙关联而惊奇。但除非你让他们做，不然你将不会听到这些关联——他们可能也不会做出这样的关联。

## 提供框架

如果你向学生介绍新的课程内容，尤其是以课程讲座的方式介绍，有个方法可以帮你避免奥威尔说的“知识孤岛”这样的情况，即给学生提供一份系统化的内容框架并让他们自己填充细节。如果对一个可见的结构做知识关联，学生能够更好地做出有意义的关联。某科目的新学习者一般没能看到该知识领域的整体结构——他们往往注意的是科目的细节。解决这个问题的实用办法是给学生提供你讲座的框架，然后让他们填充细节。这种方式能让学生看到该知识领域更大的关联，但他们仍然得在听课及观察的过程中自己做新的关联。研究人员已经证明至少通过两种不同的方式提供这种（不完整的）笔记大纲的积极影响。一个实验对比收到完整讲座笔记的学生与只收到部分笔记的学生的考试表现，结果发现收到部分笔记的学生在课程期末考试中表现得更好。另外一名研究人员针对医学生做实验，把他们分成两组：一组学生自己记笔记，另一组学生收到教师的指导笔记，包括“一个指出并总结课堂讨论要点的结构树状图模型”。研究人员在这个实验中也发现收到指导笔记的学生——有内容框架的视觉图——比自己做笔记的学生在课程考试中表现得更好。

给你的学生指导性或结构性（但不是完整的）笔记，给他们提供讲座或阅读内容的框架，但仍促使他们记录想法并自己做关联。这里的轻教学策略是开始做课程讲座的时候给学生讲座框架，帮助学生理解讲座。你可以给学生发放框架的纸质版，让他们在课上记笔记；你也可以把这个框架的电子版上传到学习管理系统，如此他们可以在笔记本电脑上做笔记；或者你可以上课前在白板上简单写纲要和关键词。在过去的十几年，我观察过各个不同学科教师的教学，发现大多数教师都不懂如何巧妙地利用黑板在学生学习中发挥积极作用。我们要么在黑板上写满笔记，要么当时觉得什么想法或意见重要就在黑板上写下来。在黑板上留出一小块空间写条理清晰的框架能帮助学生记下有意义的笔记，也能帮助他们建立丰富的知识网络，这样黑板的使用就更有意义了。

总之，教师给学生的学习材料，不管是幻灯片上的内容还是其他什么内容，越少越好。如果你只给他们提供一个大概的框架，框架的具体细节需要学生自己补充，他们就能建立最深刻的知识联系。

## 概念图

概念图（有时也被称为思维导图）通过视觉化的方式快速而有效地呈现课程关键概念的组织架构。对于概念图的使用，相关的文献资料相当丰富。当小组任务学习目标不够明确，或者任务过于简单或太难时，小组活动常常难以进行，所以我尤其喜欢在小组练习中让学生制作概念图。在一堂课或一个单元的学习结束时，让学生分成小组完成一个概念图，这样的任务对学生来说并不难，同时它也是一项有意思（相比其他小组任务来说）甚至很有趣的活动。“概念图”这个名称很好地描述这个活动，安布罗斯等人将它定义为“对某知识领域的视觉再现”。概念图可以直接在纸上或海报上画出来，也可以利用概念图制作软件在平板或电脑上制作。概念图可以帮助学生将所学内容进行视觉呈现，图的中间写方框或圆圈中的关键概念，然后从关键概念中延伸出线条引出子元素：其他概念、支撑的要点或细节、例子等等（可以想象一下大脑中神经元之间相互连接的画面）。概念图中连接不同元素的线条处可以标明两者之间的关系。

但使用概念图更好的方法是提出一个焦点性的问题，让学生用概念图来回答。比如，历史教师就可以让学生制作一个概念图来阐明暴力革命带来的积极和消极影响，环境科学家可以让学生制作一个概念图描绘一些主要气候现象带来的结果。我自己在课上曾经让学生围绕一篇小说中的主要人物或几篇小说里都出现的一个重要主题制作概念图。想要更好地利用概念图，还可以按《聪明教学7原理：基于学习科学的教学策略》一书中的建议，让学生用不同的组织架构制作多个概念图。作者在书中是这样说的："让学生练习根据不同的纲要或层次来组织自己的知识，这样让他们看到不同的知识架构可以达到不同目的，从而让他们在大脑中建立更加健全、灵活的知识体系。"比如，第一天我可能让学生制作小说中人物的概念图，第二天我也许会让他们制作小说主题的概念图，到第三天又让他们制作小说意象的概念图。

早些年教书的时候，我常常让我的学生分成小组绘制概念图，让他们用白板笔在空白幻灯片上画自己的概念图，这样我们可以在课程的后面部分在投影仪上快速看大家绘制的概念图。现在我一般上课前去书店买一些海报和记号笔，然后让学生绘制大幅的概念图。但你可能不太喜欢这些古老的教具，或者你可能正好线上教学，或者你可能得教很多学生、在课上展示所有学生的概念图比较困难。幸运的是，现在有许多免费的概念图制作程序，只要在网上搜索"免费概念图制作"，就会出现很多选择，如此学生可以在线制作概念图。你可以找一些程序、下载并保存到你的教学设备中，也可以找一些网站，随后立马开始在线制作概念图，甚至有一些学习管理系统里自带概念图制作的功能。所以，如果你的教学环境是混合的或者在线环境，那最好先看看你的学习管理系统里有没有这一功能。如果教室里已经有相应设备，你可以利用这些技术工具练习概念图制作，这样更简便，不用考虑海报纸和投影仪之类的教具。

## 简短论述

我已有将近20年的教学经历，其中超过一半的时间从事高等教育教学方面的研究和创作，但我在这本书或其他地方推荐的教学方法都来自他人或他处，唯有一个好的教学策略是我的自创，我把这个教学策略称为简短论述。这个策略简单、易操作，适用于任何规模的课堂，活动时长也很灵活，可以是10分钟，也可以是整节课，所以它本身就是一个完美的轻教学活动。十几年前我开始用这个方法，目的是让学生在期末关联读过的作品，从而更好地完成期末论文。我布置的期末论文通常要学生比较分析过去一学期课程阅读清单上的几部作品。我会在黑板上将讲过的7部小说的书名写在一栏，另一栏写上整个学期学过的各类小说中的主题，然后将记号笔递给前排的一位同学，让他到黑板上圈出一个主题，并用线将这一主题与两部小说连起来，接着我会请同学们花一分钟时间思考如何论证这两部小说与这个主题的联系。一些学生眼神空洞地思考着，一些学生在笔记本上写下一些短语或句子。一分钟后（也许两分钟），我会提问，他们想到了什么。一开始会冷场（总会这样），然后有人试探性地举手试图给出一些不太确定的回答。我会给予表扬然后请更多同学回答，慢慢地越来越多的学生越来越自信地说出自己的想法。大家不断地讲出他们想到的关联，这样持续进行5—10分钟后，我就停止讨论，将笔递给另一位同学，让他到黑板上圈出另一个主题，然后重复刚才的过程。在整节课的过程中，学生想到了许多简短的论述，以新颖而有趣的方式将我们学过的那些小说和主题进行关联，许多学生也根据在自己课上陈述的想法，最终写出了期末论文。

现在，在我教的每门课上，最后一周都会进行这个简单的活动。在他们准备期末论文、项目或期末考试的过程中，这个活动可以帮助他们巩固已经建立的知识联系，或者建立新的联系。现代技术可以对这个活动进行多方面的调整和强化，所以你可以用多种方式进行这个活动。例如，你可以利用课程学习管理系统设置一些讨论思路，这些讨论思路通过不同的方式关联各个课程要点，然后让学生在24小时内为这一讨论思路提供一个一句话的论点。为了促使他们进一步思考，你还可以让学生论证另外一个人提出的论点。你还可以在课堂上重复之前的简短论述活动，在学生提出的论点中选一个出来，花10分钟时间思考可以支持它的论据是什么。我在黑板上列出的是两栏，你也可以列出三栏，在第三栏中写上学生通过新的方式关联学过的内容而产生的创造性想法。这一活动只需要你或学生对重要的课程概念或内容进行分栏或分类，以新颖、创新的方式将它们进行关联，然后让学生阐述这些关联为什么合理（或者不合理）。前面讲到的实验，教师只给学生提供一个框架和一些关键概念，然后让他们自己填充细节，这里也一样，你利用分栏或分类给学生提供了框架，然后让他们自己关联知识。

简短论述练习还有一个好处，就是可以帮助学生练习开发新的或原创的想法——这一过程在他们看起来非常玄妙。教师给学生布置论文、幻灯片展示或研究项目时，总要求学生的想法要有新颖性和原创性。这里说的“原创性”想法，指的是学生建立之前没被建立过的知识关联。人脑产生的想法是会沿袭的，这种沿袭关系可以让我们看到创新的关联在开发新想法过程中的重要作用。做简短论述的练习让建立新关联的过程清晰可见，学生还可以将这一方法运用到所有课程任务的思考过程中。

### 例子、类比和推理

作为这一章教学模式的收尾，我给大家一个应用更广的推荐：如何让知识关联一直成为你思考教学的首要之事。如果你给学生提示以及建构好的机会做知识关联，那么这将有助于学生拓展并增长他们的知识。不管你如何组织课堂，定期鼓励学生通过一些方式——写作、班级讨论、两人交谈、民意测验等等——回应以下三个问题：

- 你可以给我举个例子吗？
- 这跟什么相似？或者跟什么不一样？
- 我们为何在意它？

这些问题将会鼓励学生通过例子、类比和推理做知识关联——所有这些都有助于他们深层次的学习。在你整门课程的教学过程中，把这些问题融入你的教学实践，并利用它们让学生在你的课程中积极地参与和思考。

## *准　则*

对于自己研究的学科内容，你的领悟是专家级的，而学生对这些内容只是初步理解，关联练习则在这两者之间建立了一座桥梁。当你思考如何帮助学生建立自己的知识关联时，记住这个重点。你正在帮助学生从总体上把握知识，如此，你自己也更能领悟材料，对材料的理解也更生动。

**提供框架** 你的知识体系和学生的知识体系之间最大的差别是你可以将概念和信息进行有意义的组织和关联。正是由于你有这样的知识体系，所以接触这个领域的新知识时，你可以很快记住并运用它。而这个领域的初学者一开始需要教师帮助他们看到学习内容的框架和体系。你可以尽量突出框架，经常带学生回顾这个框架，并帮助他们认清新内容该如何融入这一框架。学生对课程的内容越熟悉，需要的帮助也会越少。

**促进关联** 你无法把自己大脑中的关联网络整个直接传输到学生的大脑中，但是给学生提供框架可以帮助他们更好地理解这一领域的知识体系，同时也提供空间让他们自己在大脑中建立关联，这样才会刺激深度的学习。教师应该积极开发新的教学技巧来帮助学生看到他们未曾意识到的知识间的交错关系，在知识点之间建立新联系并开发自己的知识网络。对于学生的发现，作为导师和专家的你应该给予反馈，并在他们停滞或偏离太远的时候推动他们走向富有成效的新方向。

**利用同学之间相互学习的力量** 这本书讲到的所有轻教学技巧中，这个方法和小组学习或同伴学习的联系最紧密。你的学生都是这一学科的初学者，所以可以让他们互帮互助并一起思考如何在知识孤岛之间建立联系。当你让学生练习建立知识关联的时候，请允许并鼓励他们互相帮助。在学生建立关联的过程中练习合作可以让课堂充满生机，也可以让学习充满乐趣。我在课堂上开展简短论述活动的那几天是整个学期最快乐的时光，学生们积极探索知识点之间的关联，同时也思考其他同学提出的关联，整个课堂都生机勃勃，呈现求知若渴的学习氛围。

## 即学即用小贴士：框架图教学法速成模板

相比提取记忆中的信息，建立新关联更困难，所以你可能需要在课程计划中多预留一些空间和时间来练习关联。不要把这个练习压缩在5—10分钟内，看看能不能在学期初、期中或期末专门找一节课安排多一点时间做这个练习。

- 使用关联笔记本帮助你的学生把当天的课程内容与他们生活或课堂外面的一些体验做关联。不用给关联笔记本的作业打分——享受阅读你的学生做出来的所有引人入胜的关联。
- 在课前仅仅给学生提供课堂内容的架构或框架，让他们利用自己建立的知识关联将框架补充完整。
- 请学生通过绘制概念图的方式回答题目或解决问题，在整个学期期间可以用不同的组织原则多次绘制概念图。
- 在重要的任务和考试之前，考虑运用简短论述或其他课堂活动帮助学生观察或创造知识点之间的新联系。
- 你的教学途径有很多机会让学生构想自己的例子、类比以及推理。

# 小　结

## 框架图教学法给我们的启示

《牧师的女儿》的主角多萝西·哈瑞在她的历史课教学中发明了一个别出心裁的方法，这个方法可以让学生在他们的历史课堂中将大脑里的知识孤岛联系起来：

她在一家家具装饰店买了一卷廉价的普通墙纸，然后让孩子们做一个历史图表。孩子们在这卷墙纸上标出世纪和年份，然后把从画报上剪下来的剪报——戴着盔甲的骑士以及西班牙帆船、印刷机以及铁路火车——贴在相应的地方。最后把这个历史图表钉在房间的墙上，随着剪报数量增加，这个图表展现了英国历史的全景画卷。

多萝西的这种积极的学习策略涵盖了我们在这一章思考的所有要点：给学生提供一个结构帮助他们看到全景（图表），让他们在这幅大图（历史日期）的元素之间填写关联，并邀请他们从课堂外面（画报）带来新关联。在多萝西提供的这种简单框架的帮助下，她的学生开始真正的学习。

第五章

# 课堂即时反馈，引导学生“专念练习”

## 随堂反馈，提高每位学生的表达能力

2007年春天，我教了一门当代英国文学课，这个班的学生几乎都是大三和大四的学生。为了在我们学习的小说、戏剧、诗歌的基础上补充更多的文化背景，我让每个学生准备一个10—15分钟长的幻灯片展示，展示的内容是英国流行文化领域的某个作品，他们可以展示电影、电视节目甚至他们最喜欢的摇滚或嘻哈唱片。我以为大家对这一任务会全力以赴，因为大家有机会在课堂上展示他们感兴趣的东西——比如一个学生选择展示摇滚乐队平克·弗洛伊德的《墙》，另一个学生展示的是英国广播公司发行的电视剧《办公室》等等。为了让学生为课堂展示做好准备，我教他们一些做课堂展示的有效技巧，让他们在真的展示来临之前至少提前练习两三遍，并且个别指导一些学生如何编排展示的结构以及组织材料。我对这次展示的期望很高，然而这样的期望在展示那天完全破灭。很明显学生们并没有认真练习，要不就是超出时间限制。他们的幻灯片设计得很差，上面写满了文本，然后基本就是逐字逐句照着读。学生不是太紧张生硬就是太随意不熟练。展示的时间限制是10—15分钟，有个学生甚至不顾我不断催她快点结束，一直讲了半个多小时。总之，事实就是，他们的展示实在是太差了，我决定再也不叫学生做幻灯片展示了。一想到要耐着性子再看一次这样的展示，我就无法忍受。

但2008年秋天，我答应学校讲授一门荣誉课程，修这门课程的大三学生需要写他们毕业论文的开题报告。这门课程结束时要求这些大三学生为他们的开题报告进行口头答辩，这就意味着我半年前才发誓再也不让学生做展示，现在却再次面临需要观看和评估期末展示的结局。而这次展示的风险也提高了：班里的每个学生都有一位指导教师，这些指导教师最后都要参加这场答辩会，这就意味着在下面观看展示的观众都是我的同事。由于这次展示的风险较大，也因为我之前有过让学生做展示的失败经历，我决定不能再耐着性子，忍受着听一次不熟练、准备不充分、不顾时间限制而胡编瞎扯的展示了，我必须做点什么让学生做出成功的展示。可惜，我没有学过公共演讲，也没教过演讲，所以觉得自己没有资格对演示文稿的设计和公共演讲的细节进行详细的指导。但同时，我自己做了很多公开演讲，不单是作为教授给学生讲课，还常常作为演讲嘉宾到其他学校开展教师发展研讨会或做讲座。我从这些演讲的经历中学到的是反复练习的重要性；我做讲座（哪怕是微型演讲）的次数越多，我讲得就越好。每次在研讨会上讲新内容之前，我都会对着我的狗或空教室练习一两次。随着我的演讲经历越来越丰富，我不再依赖这种练习，但现在我还会在演讲前把开头5分钟的内容练习两三次。

我的这些经历就像给学生的一份礼物，让他们为展示做好准备，所以在临近期末时，我对荣誉课程班的学生宣布："在正式展示前的那次课，你们要在班里展示演讲内容的前两分钟，只是前两分钟的内容。请大家提前练习，做好准备。"一堂课75分钟，一个班15个学生，并且考虑到中间的过渡和评论时间，这就是说我要用整整一堂课的时间来进行这个活动。所以那天不能讲任何新的内容，只能帮他们改进演讲。鉴于我之前见证了学生做过的糟糕演讲，我自己也不确定在这个活动上花费的时间和精力是否值得。但我大脑里想不到任何具体的建议，我只想通过这个活动强迫学生多练习几次，并希望他们从中意识到提前预演的重要性，然后自觉地多加练习。

预演的日子到了。我找了一位自告奋勇的学生，让她第一个上台。她把内容记得很熟，但有些拘谨，三两句话之后，我让她停下来："等等，从头再来。""我做错什么了吗？""没有，我只是想让你重来一遍。"

于是她重新开始，这一次比刚才自信了一点。我让她多说了几句后，又打断道："等等。"她一脸痛苦的表情，全班学生也都困惑地看着我，面面相觑。

我解释道："你没做错什么，只要从头再来一次就好。"

顿时，教室里升起一抹寒意，学生都在想为什么我要折磨这个可怜的女生。她的第三次演讲比前两次好多了，她已经知道怎么用自己的语言去表达了，所以我让她继续说下去。在她对演讲内容进行了一些技术上的讲解后，我让她停下来，不要看稿子，用自己的语言解释给我听。于是她放下稿子，一改刚才演讲时僵硬地站在那里的姿势，这一次的讲解也比刚才清楚多了。

我说："很好，正式展示那天就应该像今天这样来讲。"

她说："好的。"然后又回到刚才停下的地方继续她的演讲。我又打断她说："不，不，要像刚才那样讲。"

她回答说："所以我要重来一遍？"

"是的，重来一遍，不要看稿子。"

接下来的70分钟就这样，学生一开始讲得不好就重来，捋顺技术上的内容和术语，然后把讲稿放到一边。学生们慢慢明白是怎么回事了，他们知道我只是想告诉他们练习和预先演练的好处，教室里的气氛也逐渐由一开始的害怕焦虑变成了欢声笑语。当然，这中间还是有一些很糟糕的时候。有一个学生太过紧张，一直结结巴巴，那画面惨不忍睹，我觉得如果打断她可能情况会更糟，于是就让她一直说下去了。最后她意识到没人能够解救她，反而镇定下来，摆脱了紧张的情绪。第二周学生正式展示，他们的展示是我至今为止看到的最好的学生演讲。很明显，那次课后，每个学生回去都自己预演和计时，直到对自己的表现满意为止。当然，其中有好有差，但即使最差的演讲也比我之前看过的任何一个演讲要好。

## "专念练习"：及时反馈课堂学习成效

如果把大学课堂的教学模式与人类试图掌握一项能力的过程进行比较，就会发现大学课堂常常以一种奇怪的模式进行。教授花了一整个学期向学生讲解复杂的科目知识，好的教授会在课堂融入一些讨论或小组练习之类的策略激发学生主动学习，但在大部分课堂上，学生们都在听课或回答问题，然后转眼就到期中，这时学生们开始做一些完全不同于听课、回答问题的任务：他们开始写论文、做单选题、准备演示文稿和其他一些复杂的认知活动，这些与简单的听课或回答问题截然不同。如果我们以这种方式教学生踢足球，相当于让他们站在足球赛场上，先跟他们讲解一些足球的知识，再鼓励他们讨论这些知识，然后让他们做一些热身运动，接着就把他们丢进一个坐满球迷的体育场，让他们参加足球比赛。我想如果你正在看这场球赛，那么就会像我教那个荣誉课程班之前看学生做课堂展示时的感觉一样，痛苦不堪。

这一章要推荐的轻教学策略是这一部分甚至整本书的核心策略：无论什么样的认知技能，你想让学生掌握，那么学生应该在课堂上经常有机会练习这些技能，而且你能够给他们打分。

这一建议的诀窍在于你对“无论什么”一词所指的具体智力技能的定位。可能你认为针对一段文字进行的课堂讨论就可以很好地帮助学生写出一篇相关论文，但其实这根本就是两码事。坐在那里听一场讨论、思考别人提出的想法并时不时说出自己的想法可能会有一定效果，但它与带着想法坐下来，把这一想法剖析成几个部分分别放入不同的段落中，然后在每一段中安排一些论据……如此产生的效果截然不同。认知心理学家丹尼尔·威林厄姆在书中写道：“任何一项心智活动，如果不进行广泛的练习，不可能熟练掌握。”如果我们希望学生熟练掌握某一项我们要评估的心智活动——比如撰写正式论文、回答考试中的论述题、撰写实验报告或进行单选、判断正误、简答之类的考试——我们就应该让他们广泛地练习这些任务。这里任何一种评估方式，包括其他你能想到的评估方式都要求学生掌握某一特定的认知过程——没有两两相同的。学生，包括我们任何一个人都可能对某一认知过程掌握得很熟练，而对另一个相关的认知过程却很生疏。在大家的教学经历中，肯定也见过一些在课堂讨论中反应灵敏、思维迅速的学生，但他们就是写不出好文章；或者是一些写出绝妙文章的学生，在课堂上让他们快速做出反应却呆若木鸡、嗑嗑巴巴。这个道理我是在教完前面说到的那个荣誉课程班的第二年才真正领悟的，当时我成为该荣誉课程项目的负责人，开始教参加这个荣誉项目的大一学生进阶写作入门课程。有时我读到某个学生写的文章，会觉得极差无比，于是就会想这个项目怎么会录取像他这样写作能力这么差的学生呢，但后来从一个同事那里得知，他在数学和科学方面相当有才华。在这之前，我心里一直默默认为真正聪明有才华的孩子应该能够快速掌握教师教给他们的任何认知难题，但在我的教学经历中，这一想法从未证实过。

认知心理学家或研究学习理论的学者们也从未证实过这一点，威林厄姆在《为什么学生不喜欢上学》中写道："众所周知，培养（对于某一认知任务的）思维能力的唯一途径就是一直重复这一目标过程。"《如何设计教学细节》第一版对该论点有几页理论支持，但在第二版我精简了这部分的理论。过去5年我给教师做讲座及开展工作坊期间发现多数人欣然接受这个论点，尤其是当他们反思自己作为学习者和教师的体验时。我们多数人有这样的体验，即反复练习某样东西从而做好，不管是挥动网球拍还是学做饭甚至应用某种教学策略。为了能够做好，我们练了许多遍：尝试、犯错、纠正、再次尝试。我们多数人也有类似我在这一章的引言描述的经历：看到聪明能干的学生在某些新奇的任务面前悲惨地失败了，因为他们能够完成一些艰难任务，我们就以为他们应该也能完成这项任务。事实上许多教师跟我汇报他们有类似的经历，尤其是当学生做展示的时候。

但我仍想处理教师的一个共同回应，即学生应该有多次机会练习我们期望他们在评估中展示的任何认知技能，老师们虽然接受这样的想法，但不太乐意用课堂时间来做这些活动。根据这些教师所言，这应该留作家庭作业。他们想：我为什么要花费宝贵的课堂时间让学生写语法正确的句子或发展核心数学技能或回答单选题或做展示？我为什么不能给他们需要完成这些任务的指令，然后让他们课下自己去完成这些练习？如果在课堂上让学生做这些练习——即使像我建议的那样，只是占用10—15分钟的轻教学时间——我们是不是都在浪费课堂时间，而且也太惯学生了？

回答以上问题，我们得深入探讨“练习”这个概念。先来看看哈佛大学心理学家埃伦·兰格的一本著作，兰格将几十年来对认知能力和学习机制的研究提炼成一本精妙绝伦的著作《专念学习力》。兰格提出“专念学习”这个概念帮助教师理解在课堂实践中遇到的两个挑战：确保学生做，以及确保学生好好做。精心安排机会让学生训练某项技能很重要，但我们也得确保他们有效训练；训练锁定重要的技能，帮助学生在不同的语境应用这些技能，并为未来的技能发展打下基础。不是所有的训练都能够做到这些。无意识重复某个活动，看起来像训练，但实际上如同兰格说的过度学习，我们以同样的方式一遍又一遍地做某项活动，甚至当情境变化、需要调整时，我们仍故伎重演。很多年前，我学滑雪并且频繁地练习，那时的滑雪板前、中、后部的宽度是一样的。15年后，多年没滑雪的我又开始练起了滑雪，但这时的滑雪板已经跟原来不同：现在滑雪板的形状是这样的，前面和后面相对中间较宽，这种带曲线的滑雪板需要滑雪人做出与老式滑雪板不同的肢体动作。虽然有人跟我说过这一点，我还是不知道该做什么样的肢体动作，所以仍然保持多年前滑雪时的动作，但这种老式的肢体动作显然无法适应新的滑雪板。我虽然尝试了，但还是不知道如何做出不同的动作。之前我已经过度学习滑雪动作，所以无法调整旧动作来适应新的滑雪板。兰格的研究表明，我们教给学生的认知任务也会产生同样的情况。让学生反复练习某项任务会让他们养成自动模式，而不会像专家们那样对这一过程进行改进，从而提升技能。

兰格关于专念学习的理论提供了一个训练的途径，不但提升学生的能力，而且还不会导致过度学习。她认为专念学习这个途径有三个特征："持续创建新种类；开放地面对新信息；内心清楚视角不止一个。"首先，学习者必须乐意转变并发展不同种类，从而引导她完成一个认知任务。如果学习者使用理论A帮助她解决问题，但最后发现自己卡在一个死胡同，这时她应该有能力意识到理论A可能需要修改甚至需要抛开理论A，用理论B取代。换言之，一个专念学习者不是简单地套用公式。其次，学习者必须注意可能由于她常用的途径而忽视了新的信息。一个死记硬背的学习者每次用同样的方法完成一项任务，没有注意到场景的变化或问题内在的挑战可能帮助她进一步发展技能水平。专念学习者有这样的习惯，抬起头来，四处寻找他们可能错过什么东西。最后，专念学习者意识到视角总是有限的，最后的结论总是暂时的。她接受解决问题可能有更好的新途径，以及她欢迎自己没想到的其他视角存在的潜在价值。一起考虑专念学习的这三个成分代表了活动与态度：活动涉及督导和质疑解决某个常规问题的途径；态度涉及开放地对待改变的可能性。

我是被我的一位朋友推上专念学习这一斜坡的，他也跟我一样经历了新型滑雪板带来的转变。他指出我做得不正确的一些小动作，我心里想着他的建议，变成一个更有意识的滑雪者。当我拐弯滑下山时，我得更仔细地思考我正在做什么，而且我学会更加注意我的臀部在做什么，接受我的身体以及地形给出的反馈，不断做出调整。久而久之，我不再需要刻意做这些，因为我已经可以自动完成这些新习惯。但有两点非常重要：第一，我已经成为一个更善于思考的滑雪者。以前，我只是机械地从山上往下滑，从来不去思考应该如何根据地形的变化去调整方法和动作，而现在，我非常享受这个挑战的过程。第二，尽管我已经学会了专念练习，但我仍需要不断地反复练习，才能掌握这项新技能。当我卡在毫无效果的练习时，我需要通过专念练习鼓励我的滑雪训练。成为专念实践者让我的训练更有趣，并为学有所成铺平道路。

专念学习的理论可能对你的工作和休闲活动都有帮助。但我们面临的真正挑战是如何在课堂实践这个理论：你将如何帮助学生训练你想让他们获得的技能？最后再次提及我学滑雪的例子：我滑雪的时候，我的朋友指出了我的错误，他偶尔还会在我旁边一起滑，在我需要的时候他也会指点我一下。我练习滑雪的时候，他在旁边观察，对我的动作进行反馈，然后继续督导我的进展，而且当我遇到问题的时候他就会解答。朋友陪我练滑雪的重要性让我们回到先前大家提出的那个问题：为什么我不能告诉学生怎么做，然后让他们回去自己练习？因为这么做，学生可能只会无意识地练习、过度学习技能或养成不好的习惯，而不是像兰格说的那样通过专念学习的方式完成练习。但如果他们练习的时候你在旁边，你就像教我滑雪的那位朋友一样：在他们练习的时候提供反馈意见，偶尔让他们停下来反思一下自己的表现，当他们被难住的时候提供一些建议，让他们尝试一些新途径。换句话说，你就是指导学生进行专念学习或练习的最佳人选，但你最好能在他们练习的时候即时给予反馈，无论是在实体课堂还是线上课堂与他们互动。

尽管这听起来像一项很复杂的任务，但先不要想那么多（我知道这对于学习者来说并不是什么好建议），后面会讲到一些具体的策略。帮助学生学会专念学习其实挺简单的，为了证明这一点，我们来看看兰格和她的两个同事一起做的一个实验，实验的目的是测试他们是否能帮助学生学会有意识地练习钢琴。实验对象是音乐初学者，被分为两组，先让他们在钢琴上进行一些简单的练习，然后就其中某个曲目对他们进行20分钟的教学，之后录下他们的演奏并由专家进行评估。第一组学生以传统的方式练习，即重复和机械的学习。而第二组学生收到了以下指令：

我们希望你们做这些指法练习时不要靠机械的记忆。试着在弹钢琴时不断学习新东西，试着每隔几分钟换种练习方式，不要只限于某一种方式。练习的时候，注意一下情境，包括一些细微的变化，或者你的情感、感觉或想法。

在第二组学生的练习进行到一半的时候，实验者又提醒他们注意以上的指令。后来专家对两组学生的演奏进行评估，结果证明专念练习的效果的确更好："在练习初期接到专念练习指令的受试者弹得更好，更有创造力，也更加享受练琴的过程。"如果你在学生开始练习时也能像兰格和她的同事那样给学生提出一些类似的指令，并且在他们练习的过程中时不时让他们停下来反思——不管是针对个别学生，还是整个班级——你都能帮助学生在课堂上进行专念练习，从而有所收获。

## 教学模式：如何在课堂引导学生“专念练习”

由于这一章讲到的教学策略简明易懂，也就是说你要在课堂上（或者同时在线上）经常给学生一些机会，让他们能够练习你希望他们掌握的认知技能或课程考核中必备的技能，所以这里提出的教学模式和其他章的教学模式在形式上不太一样。这样的练习一定要在正式考评之前单独进行，并且教师应该对他们的练习情况进行反馈。接下来要讲的内容不是告诉你进行这种练习都有哪些不同的形式，而是列出这种练习的三个基本步骤。

### 剖析课程考评

第一步：把你的考评内容分解得越细越好，让学生明确要在考评时取得好成绩必须具备哪些认知技能。

你要做的第一件事情就是分析你的考评内容，把它们分解为学生应该掌握的各种认知任务，并让他们了解在考评中你看重的每个任务的重点。只有通过这种方式对考评内容进行剖析，你才能知道在课堂上练习什么会让你的学生受益最多。一旦你这么做了——我当时就是这么做的——就会惊讶地发现，你在考评中要求学生掌握的技能，之前在课堂上从来没有给他们时间进行练习。

比如，教文学的教师通常都会让学生写一篇文学分析的论文，这需要学生能够对一部文学作品进行分析并论述自己的观点。我们通常也会在课堂上集中精力帮助学生培养这个技能，向他们示范如何分析文学作品，然后让他们试着在课堂讨论或小组练习中自己进行分析。但要写好一篇文学分析的论文还需要其他许多认知技能，下面这个清单只列了一部分，这些也是我在评价一篇论文时会考虑的因素：

- 写引入段落。
- 写一到两句话的论点。
- 在文章中加入一些引证。
- 用论据构成主体段落。
- 语言上符合正确的语法规则。
- 写总结段落。

要完成一篇文学分析的论文，以上这个清单是学生必须具备的一部分技能，其中的第二、三、四条是我最看重的能力，也是我评分时分值比重最高的部分。通常在一节文学课上，我会让学生阐述对我们正在讨论的这部作品的看法，虽然我一般都是让他们口头阐述，而不是写下来，这样的练习是在培养第二点提到的能力。但在我读了兰格的著作并思考课堂专念学习的重要性之前，在课堂上我几乎没有给学生时间培养在主题段落写论据和在文章中加入引证的能力。读了兰格的著作之后，现在学生在一个学期里有好几次机会在练习写作的同时训练这些技能。

再来说说教师常常布置的幻灯片演示作业。先不考虑你布置演示作业时明确规定学生必须完成某些认知任务和你这一科目的具体内容，这样的作业需要学生进行以下认知活动：

- 将演示内容编排进幻灯片大小的页面中。
- 幻灯片上文本数量适当。
- 查找并选出图片、视频和音频材料，并将它们放到幻灯片里。
- 让自己口头表达的内容和幻灯片上写出的文本协调。
- 给观众们足够的时间理解每张幻灯片上的内容。

我确定我们大多数教师都有过这种经历，即在一次学科组会议上煎熬地听完整个展示，你不得不承认很多教师自己都还没掌握这些复杂的技能，更别说学生了。比如，你看过多少次展示者逐字逐句地念幻灯片上写满的文本？抑或多少次看到展示者很快地播放着一张张写满文本的幻灯片，观众都没足够的时间读完上面写的内容？你知道吗？已经有人专门研究过我们是否应该读出自己在幻灯片上写的文本。不论是基于这个研究，还是基于我们自己做演讲的经历或看过的许多其他演示的经历，你都要思考如果你没给学生练习幻灯片制作和展示的机会，怎么指望他们做出优秀的幻灯片演示呢？然后就这样给他们评分公平吗？

我知道对于这一想法大家一定会反驳说（即使不说，心里也会这么想），学生应该在别的地方学过也练习过这些技能啊，比如在写作课上、演讲课上、低年级或其他教师的课上。也许他们的确在别的地方学过也练过，但除非学生在你的第一次课上就能做出很好的幻灯片展示，否则就证明他们还需要练习。如果你不给他们练习的机会，谁给他们机会？

### 让学生做认知任务的分解练习

第二步：创造一些轻教学机会，让学生在实体课或者线上练习这些认知技能。

课堂上的练习环节可以帮助学生熟悉当天学到的技能，我觉得在下课前的10—15分钟布置练习任务是一个很好的方式。如果在文学课上我们对某首诗进行了自由讨论，我和学生都对诗歌的含义发表了论点式的想法，那么，在下课前的10分钟，我会让学生根据课上听到的观点在练习本上写两个论点陈述范例。更理想的情况是在下课前15分钟结束当天的课程内容，然后先花5分钟带学生回顾一篇好论文需要具备几大要素，然后再让他们用10分钟写出两个论点。下一次上课时，在讲新内容之前，我可能会让他们在自己写的两个论点中选出一个，然后从诗歌中找一个诗句支持这个论点，并以这个诗句为中心展开一个主体段落（理想的情况下，在这之前我会先花两三分钟提醒他们一个好的主体段落需要具备的基本要素）。整整一个学期，如果每节课都能给学生一些这样的练习机会，就能让他们练到在大学完成论文作业需要具备的许多技巧。

如果为幻灯片展示做准备的话，你可以在正式演讲的前两周选一天让学生把笔记本电脑带到课堂上。在课上讲解一些新内容之后，离下课还有10分钟，让学生两人一组，一起制作一张幻灯片，内容是为观众讲解概念A。在接下来的几次课上，每次都用最后10分钟请一些学生上台用自己制作的幻灯片做两分钟演讲。就像练习写作一样，更好的方式是预留15分钟，先花5分钟告诉学生直接读幻灯片上的内容会产生“冗余效应”，影响学习效果，但是如果幻灯片上写的内容与口头表达的内容相差太多，同样也会影响学习效果。所以大家应该遵循米歇尔·米勒提出的“处理口头表述与幻灯片内容差异的金发姑娘原则”（“金发姑娘原则”源自童话《金发姑娘和三只熊》的故事：迷路了的金发姑娘未经允许就进入了熊的房子，她尝了三只碗里的粥，试了三把椅子，又在三张床上躺了躺，最后决定小碗里的粥最可口，小椅子坐着最舒服，小床上躺着最惬意，因为那是最适合她的，不大不小刚刚好。金发姑娘选择事物的原则被称作金发姑娘原则。“金发姑娘原则”指出，凡事必须有度，不能超越极限），即在演讲中清楚地说明和强调幻灯片上的关键要素，而不是直接照读。给学生机会制作一些练习用的幻灯片，并向观众展示这些幻灯片，就我的经验而言，这大大提高了大多数学生的幻灯片展示能力。

## 提供反馈

第三步：对学生的练习给予反馈意见。

在我练习滑雪的时候，那位在滑雪上经验更丰富的朋友会观察我的练习情况，并及时给我一些建议，告诉我怎么提高，这就是理想的练习加反馈模式。在私人辅导课程、各类体育运动指导和艺术课程指导上——比如学生在教师的监督下练习弹钢琴，教师都会给予这样的反馈。虽然在普通的上课过程中，我们显然无法达到这样的一对一反馈模式，但教师还是应该探索一些方式，在学生练习的时候给予反馈意见。在面对面教学中，最简单的方法就是，分别在练习过程中和练习之后进行个体反馈与群体反馈。当学生练习时，巡视整个教室，尽量对学生的练习情况一一进行反馈。随着你对学生练习的情况了解得越来越多，你就会发现大家有一些共同的问题。在进行个体反馈之后，结束练习环节，然后对整个群体的共同问题给予反馈意见。你可以根据需要经常重复这一过程，在练习环节开始时，你应该明确告诉学生你给他们提出反馈意见的方式。如果不事先说明这一点，你也许会发现一些学生对你的这种反馈方式感到很不舒服，觉得你是出于某种原因单独挑他们出来说话。所以，在第一次练习环节开始时就告诉学生，你会巡视全班，尽可能对每个学生的练习情况给予反馈意见，并根据观察到的情况对全班进行指导。

显然，在网络环境中，你也可以用这个方法，对学生的练习给予个别的和即时的反馈，并根据观察到的情况给全班总体的评论。不管是面对面教学还是网络教学环境，如果你真的要用这种方法给学生反馈意见，你有必要花几分钟时间思考一下如何对整个班级的学生进行个别指导，让尽可能多的学生可以在整个学期的课程中接受你的个别指导。你可以利用房间的形状、课桌排列的顺序甚至是点名册的顺序，确保你通过公平的方式巡视全班学生。

最后，尽管你给学生的多数反馈是让他们做一些调整或给他们提一些建议，告诉他们如何更好地完成一项任务，但是你完全可以利用你的反馈推动学生进行兰格提倡的专念学习。《专念学习力》最后一章的内容非常激励人心，兰格提出，专念学习可以促进开放式、灵活的思维，而这种思维正是我们所说的智商的核心元素。她在书中是这么写的：

> 灵活的思维是专念思考的基本要素，同时灵活性也被视为智慧思考的一大特征。遇到新环境时，我们每个人都会有一些思考内容，其中有低级的思考程序和高级的策略。这些思考内容越多，我们就越不会采用某一种固定的思考程序或策略，我们的思维也就越灵活……运用思维能力，整理各种不同的策略和程序，并从中评定最适用于某一新任务的策略和程序，这一过程通常被称为智慧思考。

也就是说，完成认知任务时运用的智慧包括：跳出我们熟悉的方式，考虑其他方式是否存在，然后辨认其他方式是否存在更有效的方式。所以，如果我们想让学生以这种智慧的、有创造力的方式思考考评中要求的认知任务，就应该在课堂练习环节鼓励他们这么做。反馈意见有时能推动他们从某一特定任务中跳出来思考其他方式，为什么你在论文介绍部分选择使用这一策略？还有其他什么策略可以选择？只有这一种公式可以用来解答这个问题吗？在这个课程之外你有遇到过类似问题吗？如何解决？像这样的问题可以让思考者更加全面地认识自己的练习情况，帮助我们培养专念学习的学生。

## 准　则

埃伦·兰格的专念学习理论提醒我们，所有的练习各不相同，但只要你给学生机会在课堂上练习认知活动，他们就会有所收获，也有助于他们完成你的课程考评。思考如何在课程中融入有效的练习环节时，请记住以下准则：

**安排时间进行课堂练习**　你当然可以用布置作业的方式给学生提供练习的机会，但你也要安排时间在实体课或线上课的同步课程进行练习，没有教师在场的练习可能会带来过度学习、缺乏思考的重复和错误或不好的习惯，有教师在场并且给予反馈意见的练习可以带来更有效的学习。在宝贵的课堂时间里要腾出练习时间，就必须让练习环节简短。

**分散练习**　根据我们前面提到的关于分散学习和交错学习的研究，与一次性进行50分钟的练习相比，把练习时间分为5次，每次10分钟，分散在整个课程的学习过程中进行，效果会更好。这样的安排让练习符合理想的轻教学典范：轻教学方法推荐多次数、简短的练习，这种方式会让学生最大限度受益。

**专念练习**　重复练习可以帮助我们掌握篮球运动中如何罚球、如何在曲线型滑雪板上滑雪或者如何在观众面前自信地演讲，同样也能帮助我们掌握认知任务。虽然重复练习可以让我们达到一定的能力，但除非我们偶尔停下来反思自己在做什么、为什么这么做以及有没有其他的途径，否则它不会帮助我们进步或提高。利用练习环节推动学生进行专念学习。

### 即学即用小贴士："专念练习"教学法速成模板

这个轻教学策略的大部分工作是在课外完成的，你要在课外分析课程考评的内容，并将其分解成不同的技能部分。完成这些工作后，在课堂上腾出一些时间让学生对这些技能一一进行练习，同时要引导学生进行专念学习。

- 在学期开始前，列出你能想到的所有学生在课程中应该掌握的认知技能。
- 分出这些技能的优先顺序，确定哪些技能是学生需要尽快掌握的，哪些可以在他们掌握一些基本技能后再开始培养。
- 看一下你的课程安排表，看看在重要的课程考评之前，可以将重点技能的练习安排在哪些课程里，并在课程表上标记出来。
- 坚持你的计划。确保在重要考评之前，学生有多次机会可以练到他们需要熟练掌握的那些技能，从幻灯片制作或段落写作到做单选题。

## 小　结

### 抓住课堂“专念练习”，提高学习效果

你可能已经在这一章的例子中发现我在近几年的教学中做出的重大改变之一就是在课堂上融入简短的练习环节。在我成功地帮助学生提高演讲技巧后，我开始在课堂上加入越来越多的技能训练活动，包括论文引入段落的写作到考试中简答题的写作。学生的表现证明这些练习取得很好的效果，这也让我完全确信练习可以提高学生的学习成绩。

这里还有一点必须要讲，随着我在课堂上加入越来越多的练习环节，我遇到了一个必须要克服的障碍：当学生完成一些任务时，我不再像以前那样积极开展我认为教学应该涉及的活动，这让我感到有点不安。我没有花时间讲解课程内容、引导学生讨论、掌控小组项目或监督考评，这些本来是教师比较习惯和熟悉的工作，而我们不太熟悉的工作是，在课堂上进行观察、倾听和反馈。但是，如果你能好好利用学生练习的时间，把它看作能够更全面了解学生技能掌握情况的机会，并在其间给予学生个别的和群体的反馈，你就会慢慢习惯这些你一开始并不熟悉的教学活动了。就像学生一样，他们也会慢慢习惯不再把课堂看成是被动坐在那里接收内容的地方，而是对重要的智力技能进行积极专念练习的地方。

第六章

# “解释”，把思路“说”给自己/他人听

## 新手为何进步神速：说出自己的思路

从理论上说，在养育孩子的整个过程中，你们即使很愤怒也可以坚持不提高嗓门说话吗？我就做不到。也许在孩子还小的时候，你一直克制自己的各种情绪，然而一旦你的孩子开始学开车，而你坐在这辆可怕的“杀人机器”中，你之前做过的一切克制都会不攻自破。不论他们多么仔细地学习交通规则，也在停车场认真地练习，正在学开车的16岁孩子还是会犯一些错误，比如忽略让行标志，或者汇入车流时忘记看两边的路况。这时，你要么提高嗓门，要么就等着撞车吧。

我选择了提高嗓门。

虽然我觉得有潜在危险时大声喊出应急指令是再合理不过的事，可我那16岁的女儿似乎并不感激我做的一切（挽救我们的生命）。所以，在我的二女儿最近学车的过程中，车里一直笼罩着紧张的气氛，我一直处在惊恐的边缘，而她则是一副快哭出来的样子。指导女儿开

车让我神经紧张，这期间我恰好也在阅读一些关于自我解释和学习的材料，这一理论的基本前提是学习者大声（对自己或对老师）解释自己完成一项学习任务时都做了些什么，然后从这样的解说中受益。为了促进女儿的学习，同时也为了缓解车里紧张的气氛，我开始让女儿向我解释她开车的时候在做什么。她的问题之一是也许因为过分（也是合乎情理的）担心自己会撞上迎面而来的车，她往往会向路的右边靠得太近。其实这个问题我之前已经提醒她很多次，可她就是记不住。而当我让她解释自己开车时在做什么，她终于注意到这一点，于是自我纠正，向更靠近马路中间的位置行驶。在其他的驾驶练习中，类似的情况时有发生，当我让女儿解释自己在做什么，她会自己分析驾驶情况，而之前她只是坐在驾驶座上，机械地行驶在马路上，等着我朝她大吼。

这件事让我第一次真正认识到解释的作用，这个学习策略可以通过各种不同的方式帮助学生。在本书的第一版中，这一章关注的是“自我解释”：对你自己（或某位老师）说出或写出你正在学习的内容。女儿学开车的时候促使她解说自己正在做的事情（以及她为何这么做）就属于这个类型。在下文将看到一些优秀的研究表明解释可以帮助学习者掌握他们尝试发展的技能。在这次修订后，我拓展了“解释”这个学习活动的规模，让“解释”这个学习理念涵盖面更广一些。关于解释的力量如何促进学习有相关的研究，这些研究证明：比起只是让学生为了某个考试或其他评估所需而去掌握学习材料，让学生教其他学生这些学习内容，或者让他们准备教其他人这些内容，他们都会更深入地学习。对自己或你的老师大声解释你新学的技能或内容有助于你的学习；而当你向同伴、课堂外的观众甚至是假想的观众解释你刚学的知识或技能时，这更有助于你的学习。

我们都知道这一点，对吧？因为我确定在你教学生涯的某个点你自己心里清楚或者跟谁说过你因为教学生这个科目所以你对这个科目的学习更有深度了。几乎所有老师都有这样的体验，而且研究也很好地证明了这一点：我们通过教别人会进一步地促进学习。当然，教学不仅仅是跟别人“解释”内容，在这本书中我始终都在论证这一点。但这个领域的多数研究都关注这样的实验，即学生通过“解释”教别人学习内容，而且我认为让学生对别人解释自己学习的内容体现了通过教别人来学习是最基本的路径。你完全可以比这个做法更进一步，让学生发展更有活力、创意的方式把自己新学的内容教给别人，但我们把这一章的内容保持在轻教学的领域，所以我关注的活动，你可以应用到你的课堂上，让学生向自己、他们的老师、同伴或课堂外的观众解释或教所学的内容。

## “解释”效应：如何帮助学生理清思路

我们先来看一个证实自我解释作为学习工具促进学习的重要研究，然后拓展到对他人解释的学习力量的研究。

第一项研究通过分析学生如何学习范例来证明自我解释能够支持学习——换言之，先提前解答一个问题，然后再帮学生一步步回顾问题是如何解决的。实验由两个阶段组成：第一阶段中，受试者学习物理课本上的一系列范例，然后让他们回答一些问题来测试他们的陈述性知识；第二阶段中，受试者根据这些知识解答问题。实验中，研究人员并不去敦促学生自我解释，而是倾听学生的自我解释，她们想看看学生自发进行的自我解释是否会带来理解和解题能力上的差异。受试者数量很少，只有10名学生，最终被分为两组：优等组和差等组。

优等组学生的解题成功率达到了82%，这是很优秀的成绩，而差等组学生的成功率只有46%。两组学生自我解释的表现也相去甚远：优等组学生在笔记上大约有140行自我解释，而差等组学生大约只有20行。可是单纯看自我解释的字数得出的结论也许并不准确，于是研究人员仔细阅读学生自我解释的内容，将不怎么相关的解释删去，最后只保留那些与主题关联的主要想法。两组的差异有所缩小，但依然很大：优等组剩下51行自我解释，而差等组只有18行。实验结果十分令人吃惊的一点是：在实验的第一阶段回答问题时，两组学生对物理原理的陈述性知识的把握几乎没有差异。也就是说，如果让两组学生完成解释定义之类的任务，他们的成绩不会有多大区别，只有应用陈述性知识解题的时候，两组的成绩才出现鲜明的差别。在关联方面，比起只是记忆学习内容，富有活力的自我解释与概念性学习有更多的关联。

最后，研究人员得出结论："自我解释不仅能构建更好的解题过程，而且能帮助学生更彻底地理解基本原理。"这一研究也有不够完善的地方，它完全依靠学生自己做自我解释。对于大学教师来说，这种做法在教学中的应用很有限，显然我们可以在学生学习课本上的例题时建议他们进行自我解释，但我们也建议学生做很多事，许多他们都忽略了。那么问题来了，由教师敦促学生做自我解释会不会和学生自发做自我解释有同样效果呢？毕竟，在刚才讨论的研究中，可能由于优等组的学生本来就是表现好的学生，他们在学习中自然会采取一系列行动促进自己的学习，包括自我解释，所以自我解释在优等组的学生身上产生了作用。但是，如果把自我解释作为一个单独的活动，并要求所有水平的学生在学习过程中都采用这一活动，还会不会产生与上述研究一样的效果呢？

几年后，季清华和另一批同事提出了以上问题，为了回答这一问题，她们在另一组学生身上做了第二次实验，这一次实验的内容由原来的解答物理题变成了理解人体的循环系统。在这项研究中，他们要求八年级学生阅读高中生理课本上一些简单描述人体循环系统的段落，并要求这些学生每读完一句后都自我解释一下学到了什么。而第二组的八年级学生则要将相同的段落读两遍，但没有人敦促他们进行自我解释（让他们读两遍是为了确保这一组学生和进行自我解释的那组学生在这些内容上花的时间一样）。研究人员用以下方式来敦促学生自我解释：在实验前就提前告诉他们，他们将要读的段落共有101句话，每读完一句，就做自我解释；而每读完几个句子，他们就要回答一个问题，问的是他们正在学习的循环系统某部分功能（例如，隔膜的功能是什么？）；研究人员还会时不时让他们对最初做出的自我解释进行详细阐述。研究人员会事先对两组学生进行循环系统知识的测试，学完后一周再次测试。在最终测试中，根据他们读到的内容进行多种方式的提问：一些问题考查学生对循环系统基本知识的记忆（比如，血红蛋白可以输送什么？），其他一些问题则要求学生根据学到的知识进行推断（比如，肺静脉中为什么没有瓣膜？），最后一类问题要求学生就循环系统对人类健康的影响做更复杂的推断（比如，如果被毒蛇咬伤，循环系统会起什么样的作用？）。这些问题的类型和考试中的问题类型有些相似，既要测试学生对知识的记忆，又要测试更复杂的批判性思维能力。

这项研究的结果证实了第一次实验的结果。对比预先测试与后期测试的数据，被要求做自我解释的那组学生对循环系统知识的把握提高了32%，而没有被要求做自我解释的学生只提高了22%。更加细致地分析统计结果后，季清华和她的同事发现，在更复杂的问题上，这种提高的程度稍大一点。在第三类和第四类问题中，被要求做自我解释的学生在第二次测试的成绩提高了22%，而没有被要求做自我解释的学生只提高了12%。研究人员还查看被要求做自我解释的那组学生的自我解释内容，并依此将他们细分为高级自我解释者和低级自我解释者。在这样更加精确的分析中，区别依然存在。研究人员分析了学生自己在理解过程中画的图和口头解释，这些内容反映了学生在学习循环系统时的思考模式。他们发现高级自我解释者比低级自我解释者更能够建立一个准确的思考模式，他们总结道："不论是对比被要求做自我解释和没有被要求做自我解释的学生学到的知识，还是对比高级自我解释者和低级自我解释者学到的知识，都证明自我解释明显可以促进学习和理解一整套新知识。"也就是说，相比学习差一些的学生，学习好的学生会很自然地自我解释，但我们仍然可以通过激励学习差一些的学生通过自我解释帮助他们学习。

已经有不同的理论提出自我解释的学习力量。在第一章，我们思考的是学生带着对科目原有的思维模式来到我们的课堂，而我们作为教师应该通过预测活动让学生原有的思维模式显露出来，这有助于我们理解学生并为他们纠正。根据我的调研，季清华和另外一个合著者对于教育领域的自我解释做了大量的研究，他们论证自我解释正好支持这个过程："学习者带了自己的想法来到课堂或学习新的学科。这些思维模式一般都有所偏误。当学习者遇见跟他们现有思维模式冲突的学习材料时，自我解释帮助他们修复并修改他们的理解力。"有时我们遇见新的信息和我们现有的思维模式冲突，我们要么忽略新信息，要么试图把新信息挤进现有的框架。不是我们存心不想学这些新信息；我们可能是不知不觉这么做的。我们自己都没意识到原有的模式根深蒂固。自我解释促使我们退一步看看自己现有的思维模式。一旦我们这么做了，我们就能看到什么需要改进，并根据呈现给我们的新信息积极参与有意义的修复及修正。

除了自我解释，或者对着和你一起坐在实验室的研究人员解释之外，如果对着一位也正在学同样科目的同伴解释，会不会促进信息修复或修正的进程呢？这是一个研究团队提出的问题。当学生学习达尔文的自然选择理论时，让他们处于三个不同的境况：告诉第一组学生学习课本关于这个理论的解释，随后跟一位同伴解释（同伴解释者）；告诉第二组学生学习同样的材料，随后跟研究人员解释要点（自我解释者）；第三组学生一点都没看课本材料，但听他们的同伴跟他们解释学习内容（听者）。学生初次接触这些学习材料之后，跟研究人员或同伴解释，然后测试他们关于自然选择的知识，给他们一些问题解答，对于基本知识的测试，自我解释者和同伴解释者都比听者考得好，这一点好像也没太令人惊讶。更有趣的不同，出现在他们如何努力解决问题这一点上。对近迁移和远迁移问题都做了测试（近迁移问题在形式上跟原始问题相似；远迁移问题则不同，要求更有批判性和创意性的思考）。在这两种需要近迁移和远迁移的问题上，同伴解释者比自我解释者和听者都表现得更好。换言之，若学生不得不对同伴解释材料，而不是仅仅对研究人员或老师解释他们对学习材料的理解，这时产生了对材料最深层次的学习。

小林启一最近对20多项诸如通过解释教学的学习力量这样的研究开展了元分析，得出的结论是如果学生研究或学习新的材料，知道他们得跟其他人——比如同伴或外场观众——解说这些材料，这会促使他们加深学习。洛根·菲奥雷拉和理查德·梅乐进一步地精进这项研究，他们开展一个实验来确定：假如学生学习某样东西，就像他们得教别人这样东西，即使实际上他们没有教别人，那么他们是否从自己的学习当中受益。在这个实验中，让学生在这三种境况下学习关于多普勒效应的材料：一组学生就像准备考试一样学习（控制）；一组学生按准备教其他人的方式学习（准备教）；最后一组学生准备教而且随后真的录制一个解说型的视频讲座来教其他人（实际教）。所有三组学生实验之后随即测试他们对材料的掌握，一周后再测试一次。在第一次测试中，准备教的学生和实际教的学生比控制组的学生表现得更好。但在实验结束一周后的测试中，实际教的学生比控制组和准备教的学生表现更好。不得不训练对其他人解说材料，甚至只是对着一台录像机做一个视频讲座的形式，显著加强了他们对材料的长期理解。

当我们思考给学生通过解说学习的机会时，这项研究的总结，和自我解释的研究一起，给我们提供了我们可能发展的活动种类：

- 促使学生通过自我解释向老师（或自己）说出他们的理解。
- 对学生为他人发展的教学材料（比如他们的同伴或外场观众：幻灯片、视频、文本等等）进行评估。
- 让学生真的面对现场观众（不管是他们的同伴还是课程之外的其他观众），教给观众一些他们正在学的内容。

基于我对这项研究的概述，我的直觉是自我解释可能对于初学者最合适，而创建教学材料和实际教学对有经验的学习者最有意义。你得基本掌握材料才能跟其他人解释，如果只是浅浅接触材料的人，就不太可能教别人。比如，我女儿还在学习道路的基本知识，我就不可能让她教弟弟妹妹开车。她正在练车的时候自我解释最有意义。一旦她考取了驾照，自己上路开车一段时间，那么她就能通过教弟弟妹妹这些技能来提升自己的开车技能。

我现在才想到这一点，早知道就应该这么做了，如此我的叫喊声就会少一些。

## 教学模式：教学中如何教学生进行“解释”

这一章的模式以一个建议开始，即如何把解释融入课堂训练时段。接下来的三个模式邀请你尝试活动或评估，教学生创建教学材料或向别人（同伴或课堂外的观众）解释这些材料。

为什么要这么做？

如同我们在前面的章节读到的，在课堂上给学生简短的时间专念练习他们写论文或做项目需要的技能是一个高度推荐的轻教学策略。在这些练习时段我们总能做的一件有用之事就是提醒学生他们练习时应用学过的理论和原则。我已经见过很多次这样的情形：学生好像理解我教过他们的一个写作原则，但当他们坐下来写文章的时候，他们忘了这个原则，又回到自己的旧习惯。及时提醒学生学过的原则和理论，并轻轻推动他们在练习时应用这些，能够很好地促进有效的解释。

假设你的学生有篇论文3周内得提交，这篇论文要求他们使用4—5个你在课堂上讲解过的具体的写作和分析技能。你可以每周一节课拿出最后的10—15分钟让学生起草这些文章，告知他们具体课程内容并聚焦论文写作过程的某个具体步骤。比如，保留这样一个简短的时段来草拟一个引起读者注意并吸引她继续阅读的开头段落。学生完成这项任务期间，你可以四处走动，通过一个简单的问题分别提示学生：“你为什么那么做？”或者更具体一点：“你在这里使用什么写作原则写引言？你如何拿捏读者的情感？通过令人震惊的统计数字让读者惊讶？试图寻找和读者共鸣的地方？”让学生暂停，让她说自己为何选这些点来写作，这应该有助于激发解释的学习力量。这个总体的途径——让学生暂停手头的活儿，督促他们解释原则或说出他们做出选择的理由——对随堂完成任务的学生随时有助，但我觉得当学生开始写论文或做项目的时候特别有用。这个简单的轻教学策略包括不时让学生暂停手中的活儿，并让他们把训练与理论关联起来。

而在网上完成学习项目的学生，也可以很容易做到这一点。比如，你要求网络课程的学生制作一个演示文稿，假设你已经教了他们一些做演示文稿的知识：如何让文本与图片结合达到视觉上的吸引力，或者如何确保幻灯片上不会有太多文本或保证幻灯片结构清晰。不要让学生只是提交一份最终的演示文稿，而是要求他们任选其中三张幻灯片，在备注部分解释这几张幻灯片的设计理念。你可以让他们解释：在这几张幻灯片的制作和编排上，你运用了什么优秀演示文稿的制作策略？同样地，我们希望学生通过阐述这三张幻灯片的设计策略，能够思考并应用设计策略到所有幻灯片的制作上。

学生练习的时候让他们解释，这么做的一个重要的益处是让你更好地理解学生的思考过程，如此有助于你继续提升自己的教学方法。护士专业的学生做临床诊断的时候，教师经常让他们做“大声思考出来”的练习——这是个技艺高超的解释形式。对于教师而言，这种大声思考出来的途径可以“为以下提供洞见：提问的类型、思路、做关联的能力以及在核心概念和边缘科目之间构建桥梁，使用先前知识和学习经历来解决问题以及评估推理期间遇到的挑战和困难”。如果教师教的领域正好学生经常得独自发展某些具体技能（比如，表演艺术、各种类型的机械学等等），那么应该经常有机会使用这种大声思考的策略；

学生随堂做实验或在实验室工作，教师也可以让他们使用这个策略。把思考大声说出来也可以用来框定让学生解释的活动，比如解释他们的推理、解决问题或其他认知学习，这能帮助他们与理论关联，你也可以更好地理解他们哪些地方仍然需要帮助。

最后，你可以认为在你的办公时间来找你的学生是解释学习的成熟候选人。当学生写论文或做项目或学习概念的时候求助于你，这时你记得这项研究，促使学生尽可能解释，而不是简单地跟他们说正确的答案或给他们的策略。

## 同伴教学法

由哈佛大学物理学家埃里克·马祖尔提出的同伴教学法可以让我们将解释这样的轻教学活动融入课堂，尤其是大课堂。20多年前，马祖尔协助开发了Clickers课堂应答系统，这一系统为他在课堂上组织学生之间相互学习的活动提供了技术支持，他将这种学生之间的相互学习称为同伴教学。同伴教学的形式多样，但基本模式是这样的：

1. 教师提出一个问题，或在投影仪幕布上显示一个问题，考查学生的思考或问题解决能力。

2. 学生用一到两分钟时间来独立解决或回答这一问题，并利用Clickers课堂应答系统或其他个人应答系统记录自己的答案，教师可以即时了解学生的答案。

3. 教师给学生几分钟时间向身旁的同学互相解释自己给出的答案。

4. 学生再次提交答案，教师即时了解作答情况。

5. 教师请几位学生对全班同学解说自己的答案，然后给出正确答案。

完成最后一步，教师可以根据情况选择不同的教学内容。如果大多数学生的答案是正确的，而且几位学生做出的解释也合理有据，那么，教师就可以进入下一个课程内容；但如果全班大部分答案是错误的，或者学生的解释模糊不清，那么教师就要停下来，将考查的这部分内容再讲一下，然后重复上面这个考查过程。德里克·布拉夫在《使用课堂应答系统教学》一书中详细讲解了如何利用课堂应答系统进行教学，对这一教学形式感兴趣的教师可以参考这本书。

同伴教学在自我解释和他人解释之间的分界线让我感到震撼。学生对同伴说话的时候，一般不是以教的方式而是以解释的方式解说他们的推理。而且，比起只是跟老师解说他们的推理，让同伴加入学习过程更能推动学生的学习。值得注意的是，同伴教学的成功取决于你提出问题的质量。肯·贝恩在他的著作《超级课程：教学的未来》中概述马祖尔的著作，他指出马祖尔提出来的问题，他称之为概念测试，要求学生参加“更高层次的思考”，而不是仅仅套公式就能得出答案。马祖尔的问题经常从日常生活中提取，看似非常简单，比如这个例子：“你看到有条鱼在池塘游着。池塘的水比看起来更深，还是更浅，或者就跟你目测的一样？”当学生需要解释这些问题的答案时，他们不得不把所学的理论或概念应用到新奇的情境当中。贝恩写道，通过同伴教学，埃里克·马祖尔“创建了一个空间，人们尝试跟其他人解释的时候会在这个空间努力思考”。如果你的课程需要帮助来发展这样的问题，在线上找“概念测试”，你会找到很多不同学科的例子。而且搜索“概念测试”，你也可以找到许多在教学中如何一步步使用同伴指导的指南。

大多数人把同伴指导和STEM学科关联，我在写作课和文学课的许多情境中也使用同伴教学。当我们正在学如何开展线上调研，这时我喜欢让我的英语写作课学生开展同伴教学。学生每升一个年级，这个技能就变得越来越有挑战性，尤其是因为我们没有依赖简单的评分说明或缩略语来评估资源的质量或单个信息。一切取决于语境以及信息来源如何被使用（某个人微博上的亲身经历写在作文的开头或结尾段落会很棒，但写到议论文的正文段落里就不合适）。我们正在学这些技能时，我让学生两人一组，在教室前方的屏幕上投放一个信息来源，然后让他们通过电子投票回应，这个来源是否提供可靠的信息，可以用在他们的论文中吗？然后，我放手让他们用自己的笔记本电脑更深入地探索这个信息来源，并让他们对彼此解释自己的推理。几分钟后，我邀请他们第二次投票，看看是否有人改变主意，然后我们再一起谈论这个信息来源。对我而言，这个同伴教学的模式使得教学生信息来源这个很有挑战的任务变得引人入胜——而且，我希望，对我的学生而言是更有效的学习体验。

### 创建教学材料

最近我正在实验一个新作业，要求学生创建我们课程内容一部分的教学材料，然后教给同伴。就像我们经常做展示那样，我用这项作业邀请分组的学生比他们的同伴更深入地学习一个课程话题，然后在课程中与大家分享他们的学习内容。不过，这项任务不是让学生上课期间站起来、展示他们的调研，而是让他们搜集资料，给材料添加注释后发送到课程学习管理系统上。比如，在最近一次的文学概论课，每个小组针对某个具体的话题为他们的同伴搜集以下资料：2到3篇可查阅的文章、1到2张图像和1个视频。他们总共需要5个资源，而且他们得给每个资源写一个段落的注释来跟同伴解释自己从这个资料学到什么。他们也得给自己搜集的资料写两个可以用在课程考试的问题。写考试可用的问题是这项作业有挑战的部分，因为我花了不少工夫帮助学生理解如何为自己的同伴写水平合适的考题。最后，他们得写一个结论段，在其中把搜集的资料与我们在课程需要读的文学作品关联起来。帮助学生理解如何完成这项作业有些耗时——我让每组学生先找出7到10个可以用的资料，在办公时间跟我一起回顾这些资料，然后根据我的反馈把要展示给同学的资料减少到5个。我是这么让每组学生完成这项作业的：学生用2到3分钟的课堂展示提前告诉我他们搜集的资料，但不是特别正式的展示，我也没给他们打分。我对他们展示的评估只是关注他们搜集的资料和注释的质量。我要强调的是在我们设计的许多有效的教学策略当中，这个策略给我带来意想不到的益处：学生通过这项作业向我展示了丰富的新文章、图像以及视频，这些我可以保存下来给未来的学生使用。

指定这项任务的具体范围可能对你来说没什么意义。想想整个学期你为学生设计的课程教学材料，这些材料可能包括有注释的资料、展示的课件、课本阅读篇章的大纲或概要、现场或录制的讲座、各种分发的材料、指导阅读的问题、复杂议题的书面摘要等等。思考现今人们的学习资料：社交媒体的帖子、短视频、播客、网站、清单等等，然后进一步拓展你的想法。任何这些文类都可以变成你让学生创建教学材料、对彼此解说课程内容的渠道。我们的学习管理体系可以很好地成为这些材料的资料库。当然，面向全班同学做传统的展示也能达到这个目的，但更有创意、超越传统模式地思考：你的学生还可以用什么方式创建教学材料来教别人重要的课程内容？

## 拓展观众

后面的例子让我们了解通过解释学习到最强有力的方法：邀请你的学生把自己所学的内容教给其他人——教的对象不局限于你或自我解释的形式，也不局限于同伴教学或收集资料。尽管这可能听起来像一个令人望而生怯的教学策略，但它实际上可以简化挑战，因为当学生向新观众解说他们学过的内容或正在学的内容时，他或她会思考自己正在做什么。就像我的同事卡尔·凯斯指出，高等教育的学生大部分只教一个观众。比如，在我的课程，学生完成我布置的论文，完成考试由我来评估，甚至当他们做展示的时候我发现他们几乎总是直接做给我看的，而不是尝试给班里的其他同学做展示。但如果我们想让他们使用解释的至高力量来支撑或提升他们的学习成效，那么我们可以为他们拓展新领域的观众。

对于拓展观众，卡尔·凯斯通过他的广告学250这个课程的项目举了一个非常漂亮的例子。卡尔本身是研究殖民时期美洲的历史学家，这个项目是他自己学术研究的一部分；卡尔运营一个网站，每天都上传——没错，每天——一则来自殖民时期（确切地说，出现在250年前）报纸的广告。随同每则广告上传的是一个对广告内容简短的分析，通常是卡尔写的。但卡尔把这个项目融入他的教学；他让自己课程的学生作为客座负责人接管这个项目：他们负责找广告、做调研，并分析当天上传的广告。令人吃惊的是卡尔没有把这项任务限制在高年级的学生，低年级概论课的一些学生也参加这个项目。他让学生为公众读者（其中包括专业历史学家以及对美国历史感兴趣的大众）写短文分析每日上传的广告。学生得思考如何为这些广告提供语境来帮助大家理解广告的性质，以及读者关心这些广告的原因。卡尔在这个项目的创新教学被许多研究者和教育机构认可。

关于如何通过创意的新方式吸引观众，许多老师也为此提供了灵感，我在其他语境写过或概述过其中的一些方法。我所在学校的另外两位老师，心理学家萨拉·卡瓦娜和生物学家米歇尔·列蒙思曾经在他们的学科领域教了两门关联的课程，都聚焦于对大脑的理解。他们让学生为当地小学六年级的学生做一个关于大脑的展示。我的同事辛齐亚·皮卡一史密斯让她的学生创建录制下来的公共服务宣传——就像名人在电视广告做的那种宣传——来教育同学们或广大公众他们在课堂学习的相关议题。你的学科有什么元素？广大公众对此应该有更好的理解。最近，我写的一篇文章有关我所在校园的一位科学家大卫·克劳利的著作；他让他学生物的学生找出自己对该课程热爱的东西，然后找出某个他们认为应该对这个话题有更多了解的观众。他们可以挑任何自己想要的观众：家长或兄弟姐妹、舍友，或者具体某群朋友。他们的任务是创建某种项目或活动，把他们选的话题教给自己选的观众。如果你看看四周，甚至在你自己的校园，你可能会发现人们让学生对外场观众解说自己学习内容的许多例子。

如果你想从小开始，你甚至可以让你的学生对某个假想的观众解说自己的学习内容。我的英国文学概论课开始上课的前几周，我们读浪漫主义诗人——比如威廉·华兹华斯——写的诗歌；华兹华斯的作品经常针对自然与日益工业化和科技化的社会之间的冲突。我当然可以让我的学生对华兹华斯的某首诗写一篇标准的三页长的分析，但有一年我尝试了一些不同的方式。当时学校宣布要在校园的一个旧林地建造一座新的科技大楼。那年我让学生给大学校长写一封三页长的信，在信中他们使用华兹华斯的诗歌（或那个时期另外一个作家颂扬工业和科技的作品）来论证用一个科技大楼取代这些林地是否明智。在给校长的信中，他们仍然需要在正文分析他们选择的诗歌，但引言和结论部分，他们可以更有创意地思考如何框定他们的论点。这些论文（给校长的信件）读起来相当有意思，而且让学生反思新建筑对他们的校园带来的影响以及他们对新科技的接触，我希望这样能够帮助学生更深入地学习材料。

如果你想实践这个教学方法，但不确定从哪开始，那么就从挑选或创建一个学生需要对外场观众解说的任务开始，不管面对的观众是真实的还是假想的。

## *准　则*

学生可以对自己、老师以及同学大声解释学习的内容。研究表明，所有这些听学习者解释内容的听众都有助于深化学习者的学习。如果你尝试给学生开展一些解释型活动，那么就遵照以下原则进行吧。

**引导学生关注原理**　学生学习或训练一项新技能的时候，让他们关注引导他们的原则。我觉得解释为何奏效最令人信服的一个理论就是，解题过程中的解释能帮助学生把理论与实际联系起来，将原理与具体的步骤联系起来，或知行合一。在学生参加你课堂上任何类型的练习时段，通过不断提问帮助他们找到这个关联：你在这里应用了什么原则或理论？你现在正在做的事情跟我们今天早些时候在课堂讨论的内容有什么关联？

**利用同伴学习的力量**　给学生机会教自己的同学，向同学解释他们的推理或创建其他同学将要学习的材料等都可以。当埃里克·马祖尔让他的学生找自己的学习伙伴，他不让学生随机地选择同伴；学生应该找一个跟自己答案不同的同伴。如此学生对着自己的同伴解释学习内容要求就更高一些：我如何对某位好像跟我理解得不一样的人解释学习内容？同样的问题也应用于创建学习材料的学生，他们对课程材料方方面面的学习得比自己的同伴更有深度。

**想象观众** 为你的学生启动解释型活动最快的路径，就是让他们面对不止一个观众。从小开始：通常选一个学生做一个给你看的任务或活动，然后让他们再做一个给不同的观众看。这个观众可以是假想的或真实的，可以是一个人或公众，可以是他们的同伴或家长或学校校长。帮助他们思考观众需要什么来理解你的课程材料，以及他们得如何组织并呈现一个有效的解释。

### 即学即用小贴士："解释"方法速成模板

这一章的策略不仅能够在课堂快速实践，还能通过基于观众的评估给学生创建更多的活动。从在课堂开展的解释小活动开始，然后慢慢拓展为观众的评估。

- 在网络作业和阅读材料旁边留一些空间让学生在完成的时候可以写下解释。如果是初学者，用一些下拉式菜单让学生进行原理或理论的选择，而不要让他们做自发的自我解释。
- 当学生在黑板上解题、做实验或练习表演的时候，制定一个时间安排，要求学生在完成的过程中时不时地做解释。
- 让学生针对课程重要的话题为同伴创建教学材料。不要局限在传统的展示：他们还能通过什么别的创建教学材料？

- 邀请学生面向另外的观众做其中一个主要的评估。你可以为他们挑观众或者让他们找自己想教的观众。

## 小　结

### 掌握“解释”，让学生学会主动思考

我在修订这本书的第二版时，对于通过解释学习的力量有一个生动的提示。几年前，我开始不时和中央欧洲大学的教学中心合作，给他们考虑当老师的研究生开展工作坊或开设关于教学法的短期课程。2021年的春天，我教了4周关于教学的线上研讨课程。这个课题我再熟悉不过了。二十几年前让我对高等教育教学法感兴趣的是历史学家彼得·弗雷德里克写的一篇短文《令人害怕的讨论：开启的十种方式》。我第一次读这篇文章的时候，还是一名研究生，那时我教课在讨论时段遇到困难，于是寻求帮助。我仍然记得那时的一个惊奇发现，就是意识到我除了提问、等学生回应之外，还能做别的事情。从那天起，讨论在我的教学中占据中心地位；没有什么比引领一个关于文学作品很棒的讨论更令我满意的了。

我继续读关于讨论的文章和著作，但我总是边读边实践——我想获得可以在我的课程使用的新技巧。当我再次翻阅为中央欧洲大学研讨课程准备的最爱的讨论文本时，我意识到我得采取一个不同的途径。我不打算花4周的时间提供一个讨论教学技巧的菜单。我需要更多地思

考我想推荐的策略的理论基础。我得提醒自己我们通过讨论开展教学的理由；我们希望实现什么？我得分门别类地思考课堂上不同类型的讨论，以及它们达成的不同目的。为研讨课程做的所有这些准备促使我重新思考在我自己的教学中使用的讨论。我意识到自己一再按惯例使用某些策略，没有真正思考它们如何支持我课程当中的讨论。我摒弃一些无意识做的东西，并学了一些新的策略。思考讨论的理论基础的过程——虽然我这么做是为了研讨课程的学生——最终提升了我引领学生讨论的能力。

我注意到，这个影响大部分发生在准备的过程当中——从我开始选阅读材料到准备展示和教学活动。这让我确认即使当时并没有教其他人，学习教学或准备教学材料对学习仍有积极的影响。但是当我把材料展示给学生、听他们的回应，以及提问并开展讨论时，结果就是得一直思考，这么一来我的学习强化了。当然，这是我们最终想给学生的，因此当你能够做到的时候采用最后一步。关于解释的研究给了我们很多选项——从自我解释到准备教，从准备教学材料到实际教——这些都应该让学生的学习层层递增。

SMALLTEACHING

第三部分

# 这样设计教学细节

# 学生学习干劲足

本书的最后四章基于一个必须承认的事实：不管你是学生还是教师，首先你是一个人，其次你才会被称作神经网络的集合、知识的载体或认知技能的实践者。而作为一个人，无论是在教学还是在学习中，你都会受到情绪、态度和其他因素的影响。所以，你对激励的需要，即使不超过，也不会亚于对知识和技能的需要。人类与周围事物的关联与我们培养他们在认知领域的关联同等重要。毕竟，我们是社会型物种，并且学习是一个社会性过程。我们最早的学习来自观察我们周围人类的行为举止，然后尽力模仿。我们上学之后，老师教导我们学习，而我们与同伴的互动也加深了学习。教室完全是社交场景，我们跟身边人的关联——或者缺少关联——对我们学习的质量会产生显著的影响。当我们感到在这个场景是舒适的，并且与周围的人有所关联，这时我们的大脑就会腾出很多空间专心学习；当我们感到自己在这个场景被孤立或受到威胁，宝贵的认知资源由于不得不回应这些情绪而被削弱，从而导致我们不能够深入、有效地学习。

我在本书修订时新增了一章谈论归属感。如果学生在我们的课程没能感受到归属感——他们上我们的课时觉得自己不够聪明，他们看起来或行动起来没有跟同学一样，他们不是来自显赫或优渥的家境——那么他们的学习表现就会大打折扣。他们消极的情绪干扰了他们的学习，同样恐惧或焦虑也会干扰学生在某次考试中的表现或一个运动员在某次重大比赛的表现。帮助学生感觉到自己属于校园，属于我们的课程，教师一般认为这在他们的工作范围之外：他们觉得这应该由处理学生事务的专业人士负责。但随着越来越多来自非传统背景的学生到大学念书，而且学生在每个方面都展现了多样性，我们所有人都需要支持这项重要的工作。教师在帮助学生相信他们属于校园、属于我们的课程这一方面起到关键的作用。我们会在第七章讨论有助于培养学生归属感的许多小方式。

诸如孤立或焦虑这样的情绪会干扰学生的学习，但情绪也可以在我们的工作中起到积极的作用。我们不该仅仅想着如何驱赶这些消极的情绪，而应该思考如何酝酿积极的情绪——好奇、惊叹、目的，甚至快乐——来支持学习。我会在第八章论证情绪与学习的密切关联。当我们的情绪被激发时，我们就会提高注意力，而且我们的认知能力也得以提升。比起不温不火的情感体验，我们更可能记住令人心潮澎湃的情感。教师可以特地激起课堂的积极情感，并把这些情感导向学习，而且这么做没有你想的那么复杂。上课前的几分钟让学生为科目的一张图像叹为观止，或者给他们讲一个故事来激发他们的好奇心，课前的这几分钟能让你的课堂与众不同。如同乔治·奥威尔曾经写道："实际塑造世界的能量源自情感。"即使你只是通过轻教学策略激发这样的精力，它也能够提升学生在课堂的学习表现。

在课堂创建学习社区很重要。我相信，让学生感到自己属于课堂的教学策略，是培养这样的学习社区最有效的路径。因此，第九章从原先的“课内外实践”重新命名为“让学习与社会联结”，强调学习是为了更好地拥有面向未来的技能。

这本书的最后一章源于这样的信念，教师从事教学这么久也需要灵感。就像我们想让学生对学习采取一个积极、灵活的态度，教师也必须如此。教了20年、30年或40年的书，你应该想到自己会卡在某个教学法的时刻。毫无疑问你有机会偶尔退一步、重新为你的教学充电，不管是休学术假还是秋季和春季学期期间两到三周的休息。在这些时刻，在你教学生涯的各个阶段，你可能会考虑自己作为教师如何推进新的领域。我们现在面临的挑战是能够帮助你继续前行的资源太多了。我们正处于百花齐放的时期，身边不时出现新书、文章、网站、社交媒体，以及致力于提高教学能力的各类培训。在第十章，我会给你提供一些指导帮助你在狂潮中航行，我会强调一些著作和资源能够让你一直投入学习。

你可能会想，既然学习动机和态度对学习有这么重要的作用，为什么我没有在这本书的一开始就讲这个方面，而是留到了最后才讲呢？我这么做是因为想让大家一开始就看到轻教学可以给学生的学习带来很大变化，而通过诸如提取、预测或关联这样具体的教学活动，才能将这一原理展现得最清楚。尤其是激励学生的情绪与态度，貌似我们要把教与学推入一个大型、无规则的领域。不容置疑，微小改变可以带来很大的不同。所以，我们会像前面一样，从轻教学的角度讨论理论、原理和模式，进而探讨学习动机和态度。

第七章

# 培养学生认知归属感，让成长加速度

## 教授公开为女儿喝彩：你属于这里

2020年秋，我的一个女儿高中毕业后即将开启她的大学生涯，这时正逢新冠疫情。女儿读小学和中学的时候一直都是个勤奋、成功的学生。我们不需要提醒或大声劝说她做作业。她努力完成作业，也为自己学业的成功而开心。但是上大学前的那个暑假，显然由于新冠疫情，即将开启的新学期可能都得以线上或线上和线下相结合的方式开展，于是她开始变得不自信。她开始怀疑自己在大学的学业是否能够成功。她和大一新生一样都会担心自己是否能够合群、是否能够管理好自己的生活，但是由于社交距离和其他防控措施严重限制了校园生活，所以她的这些担心被扩大了。本来对于她以及她的大多数同学来说，高中最后一个学期转成线上学习已经非常艰难。她的老师，跟世界各地的老师一样，吃力地适应大家都得面对的新情境，其间有成功也有失败的时候。在学校学习，本来对女儿来说总是快乐和满足的源泉，现在却变成不自然及陌生的过程。她的老师过去常用来测量学生进步和提供反馈的典型做法被打断。在她到大学读书之前，期末考试、分数、仪式，这些正常情况下肯定她能力的东西，现在由于2020年春季教育列车的失事而被粉碎了。

由于女儿在春季线上课的消极体验，她非常渴望秋季学期可以到学校面对面学习。她懂得如何学好线下课程，毕竟，她从幼儿园到高中这么多年的教育经历已经证实了这一点。但希望渺茫；结果是她上了整整三个学期的线上课和两个学期的线上线下结合课。每位大学生都会对他们是否能够胜任第一学期有些怀疑，但我女儿的这些怀疑被扩大了，因为她得面对两种不熟悉的方式。在迎新周末和开学第一周，我很多时候都在焦虑地想着她的进展并给她发鼓励的短信和电子邮件。我很清楚地知道她在大学能够成功的——我只需要让她相信这个事实。

幸运的是，女儿上课的第一周，有位老师做了个小举动助力我鼓励她。当时采用的是线上线下结合的教学方式，所以那位教授在她的学习管理系统让学生在讨论板上传对每周阅读课程材料的评价。在教授上传第一个问题之后，勤奋的女儿马上进来上传了一个评价。一两天后，教授给全班同学发电子邮件，鼓励那些还没上传评价的同学上传评价，而且在那封电子邮件中，教授做了一件非常简单的事：她明确地写出我女儿的名字，感谢她发起了这次讨论。我女儿收到老师的这封邮件之后，立马给我们发了邮件截图："快看看！"她写道，"我们的教授公开为我喝彩！"也许有人会说她短信里的惊叹以及我们从她说话声音听到的开心或许并不完全是这次经历带来的。毕竟，教授甚至都没有对我女儿写的评价写任何评语。她做的只是提及女儿的名字并感谢她开启讨论。但即使是这样的小举动，或许这正是轻教学策略的典范，向我女儿传达了一个强有力的信息。我女儿在大学新生活遇到的第一位出众的教授，虽在远程，却花了工夫来认可她，并表扬她对班级作出的贡献。

我女儿的人生充满优势，她知道如何学习——毕竟，她的父母都是教育者。但所有这些优势和知识仍然没有阻止她怀疑自己在大学的归属感。现在想想对于没有太多优势的学生而言，自我怀疑应该更被放大了：有些学生尽管带着精神和身体的挑战、面对种族和性别歧视、贫穷和压抑等等，还是选修你的课程。这些学生来到校园，甚至他们选修的每门新课，都面临着这样一个可能削弱他们学习热情的问题：我属于这里吗？如果学生心里带着这样的问题穿过校园，进入他们的线上线下结合的课堂或线上课堂，这意味着他们的学习热情面对一个显著的障碍。如果我们想让学生成功地应用我在这本书的前六章提及的学习策略，从学期初到学期末，我们都得确保自己传达一个基本的信息：你属于这里。

## 认知归属感：帮助学生相信每个人都能成功

学生觉得自己不属于大学校园可能有许多原因。有色人种的学生可能很少遇见跟他们同样肤色的学生和教授，感到自己和白人同学之间的隔膜。国际生或许不能找到理解他们具体文化历史和身份的同伴或导师。残障学生可能遇到实体校园的一些元素让他们难以满足自己的需求。没有钱的学生发现自己没有同伴拥有的机会，比如国外游学或者每天的社团活动。我三个年纪比较大的女儿都在这样的机构念书，里面都是有钱人家的学生，随意谈论父母在阿斯彭或科德角的度假房，而我的女儿们却小心翼翼地攒着暑期打工挣的钱。2018年发生了这么一个故事，关于来自农村贫苦家庭的学生到高等教育精英机构求学的经历。这个学生从密歇根的一个小村镇到密歇根大学读书，告诉NPR记者："大家都有钱，就我没有…… 我一路走着看到人们穿着古驰和范思哲。"这种与校园社区格格不入的感觉当然会对这些学生的社交生活产生毁坏性的影响：他们先会感到隔离与不开心，然后放弃高等教育。回应这些社会排斥的形式，大学和学院在近十几年已经采用一些喜人的步骤在机构更细心地营造归属感。我所在的校园设置了一个副总管的职位来关注学生的成功，副总管办公期间致力于帮助学生在校园找到归属感，而且在这个办公室大家做了一些伟大的工作来欢迎学生到我们社区，并与机构和师生联结。

但帮助学生在校园找到归属感的工作人人有责，包括教师。我们在自己的课堂营造强烈的归属感肯定能对这项工作有所贡献，比如记住每个学生的名字，定期为他们提供机会，让他们互动并在课堂内外合作。我们可以走向安静地坐在班里、不跟同学互动的学生，或者我们关注总是独自行走在校园的学生。我们办公期间，如果有学生来问建议，我们可以问他们过得好吗，并对他们正在完成的作业说一些鼓励的话。我们可以引领学生到校园办公室，办公室老师会更具体地指导学生。然而，在这一章，我打算让你们把关注点集中在我认为教师在支持学生有归属感方面起到特殊作用的领域：向学生肯定他们的智力能够胜任我们的课程。作为一名教师，在任何指定时刻指导某位学生，我不能立马移除阻止他们在校园有归属感的体系化障碍（即使我和同事们一起处理也是这样的情况）。但我肯定能够在我的课程让学生确信，不管他们身边发生什么，他们都属于我的课堂——而且不止这一点，没有他们，我的课堂将会黯然失色。

理解如何在你们的学生心中营造一种认知归属感，我们得认清这当中的障碍。过去几十年的重要研究证明学生感到被排除在教育环境之外是由于一个令人惊讶的障碍：他们对自己智力的信念。这项研究起源于卡罗尔·德维克和克劳迪亚·穆勒在20世纪90年代末做的一项研究，他们在这项研究中测试当学生完成某项学习任务时，教师表扬他们的方式是否影响他们完成未来的学习任务。他们给100多名五年级的学生4分钟的时间解决10道数学题。4分钟后，先表扬所有做到的学生："哇，你们这些题解答得很棒！"然后，额外给一些学生两种不同类型的表扬（没有给控制组额外的表扬）。一种额外的表扬夸学生的能力："能够解答这些问题，你们肯定很聪明。"另一种额外的表扬夸学生付出的努力："你们肯定付出很多努力解答这些问题。"额外表扬过后，再给所有学生10道更难的题目解答。不管这些问题他们解答得如何，这一次都告诉他们"完成得很糟糕"。这样的设计是想让学生在学习过程中遇到挫折，然后测试他们如何应对失败。在实验的最后一步，给学生第三组10道题解答，题目跟第一组的题目难度一样。德维克和穆勒用了多种措施，在解答问题期间和之后，测量学生如何思考自己的智力、学习和完成任务的表现。

结果表明，学生接收表扬的类型对学生以及他们的态度、动力及表现有广泛的影响。比如，被表扬聪明的学生没有被表扬努力答题的孩子们"更享受任务"。更令人困扰的是"比起被表扬付出努力的学生，被表扬聪明的学生不是很想坚持解答问题"。帮助解释这个研究发现的是一个更深刻的教训：学生似乎了解智力的本质，以及解决问题时他们的智力与表现之间的关联。被夸聪明的孩子好像了解到他们的表现反映自己的能力，因此能力不够的话就表现得不好。而被夸付出努力的孩子没有用自己的智力衡量他们解答问题的情况。

换言之，被夸有能力的学生相信他们解答问题的表现清楚地反映了自身的智力。相反，被夸付出努力的学生相信他们的表现反映他们解答问题时付出的努力。这样的区别有清晰且深远的隐含义。如果学生把自己对智力的信念跟某些表现挂钩，这意味着当他们某些任务做得不好的时候——比如某项考试得低分——他们可能把原因归于自己的低能力或不足的能力。他们没有觉得低分是由于没有充分学习、某一天特别不顺，或者其他一些可以理解的理由，相反，他们想的是："这次考试没考好。我肯定很笨。"被夸聪明的学生就是这样思考的。被夸努力的学生就不这样想。他们把自己没能解答好第二组题归因于付出的努力不够，所以解答第三组题时更加努力。

但是这次实验最重要的结果也许是研究人员比较两组收到不同夸奖的学生解答第三组题的成绩，这组题跟第一组题难度一样。先前学生收到的表扬类型好像影响他们解答第三组题的表现："被夸聪明的学生平均分掉了0.92……被夸努力的学生比起先前的成绩提升了1.21。"德维克和穆勒指出这些结果特别令人惊讶，因为实验当中的三组题性质差不多，只是难度有些不同："这些结果尤其惊人，因为它们证明被夸聪明的孩子一旦没能解答问题成绩就下降，本来他们对第三组题更熟悉，解题技能应该提升而不是削弱。"换言之，每个人的分数在解答第三组题的时候应该都有所提升，因为他们已经解答同样类型的问题好几遍。但实验的结果不是，被夸聪明的学生解答第三组题的时候分数下降。我完全明白我们对学习者的表扬可能会影响他们对学习任务的态度及享受。有些类型的表扬实际上会让他们解答问题时表现得不好，这不仅让我大为震惊，也可能让教师感到困扰，因为我们会表扬

（或批评）学习者完成学习任务的情况。

德维克和她的同事开展的这项实验以及诸如此类的实验，让她最终形成思维方式的理论，她在《思维方式：成功心理学》中充分描述了这个理论。德维克认为人们对学习和智力的信念不是持有固定型思维就是成长型思维。有固定型思维的个体相信他们的智力是固定的、稳定的；他们一出生，额头就被印上IQ，然后他们的余生就受这个IQ的限制。相反，持有成长型思维的个体相信智力可以锻炼而且通过努力可以提升。这样的人也知道自己有所局限，但他们认为在自己的人生中还能成长、提升。尽管德维克在这一领域早期的研究关注的是思维方式如何影响学生完成上述的学习任务，但她认为思维方式也影响人们生活的许多方面："你自我调整的观点深刻影响你引领自己人生的方式。视角可以决定你想成为什么样的人是否实现以及是否完成你珍视的事情。"为了论证她对这个理论的拓展，德维克在书中探索固定型思维的消极影响与成长型思维的积极影响如何影响体育、商界人士，以及人们在教学、为人父母和人际关系方面的成功与失败。

多位研究人员把关于成长型思维如何影响成功与失败的研究运用拓展到大学。比如，劳拉·科瑞和迈克尔·哈兹尔胡恩针对MBA一门关于谈判的课程开展了一系列研究。在他们的一项实验中，他们在课程刚开始的时候问学生是否赞成"好的谈判员天生如此"或"所有人都能改变他们最基本的谈判品质"这样的表述，以此测量学生的思维方式。在学期期间，他们让学生两人一组进入某个非常艰难的谈判情境，这个谈判可能一开始会失败，但需要坚持和创意思维来逆转局势。如同德维克测验的五年级学生，持有成长型思维的学生在失败后的情境下做得更好一些，他们比同伴更能在起初的失败中坚持下来，并找到可行的解决方案。研究人员也发现，如同德维克对她五年级学生做的测验，学生的思维方式更广泛地影响他们的学习表现。在期末，研究人员比较学生的课程期末成绩和他们在开学第一天表达的思维态度，发现持有成长型思维的学生明显比持有固定型思维的学生期末考得更好。认为谈判技巧能够提升的学生比那些认为谈判技巧固定不变的学生更实质性地提升他们的谈判技巧。他们对学习的态度，至少部分看来，拓展或限制他们实际的学习效果。

你应该优先思考两个有挑战的问题：我们能够改变学生的思维方式吗？如果可以，怎么改变？对于这些问题的研究继续出现。在一些实验中，成长型思维的干预已经达到期待的效果，而在其他的案例中则没有产生这些效果。研究仍然进展，成长型思维理论最主要的倡导者（包括卡罗尔·德维克）已经提醒教师和行政人员不要把成长型思维当成特效药。根据《美国科学人》对成长型思维争论的概述，“成长型思维科学的新格言应该是这样的：淡化炒作，细化细节”。成长型思维的干预是否达到理想的效果似乎取决于语境。我期待今后的研究能够明晰不同语境的隐含义以及不同干预针对的目标。

不过，2019年发表在《自然》期刊的一项大型研究或许是最强大的证据，证明精细设计的成长型思维干预有积极的影响。一个研究团队给6000多名高中生做了一小时的思维干预，这些学生比同所学校学生的成绩相对较低。干预以两个20分钟的教育模式进展，分别安排在三个星期，学生正常上学期间完成。

第一个时段的干预覆盖成长型思维的基本想法：个人的智力可以通过努力完成有挑战的任务，优化整合个人的学习策略，以及适当请求帮忙得以改进发展。第二个时段邀请学生加深对这一想法的理解以及应用到他们的生活中去。值得注意的是，没有一开始就告诉学生他们应该努力学习或应用某个学习策略。相反，努力和策略改变被描述成一般行为，学生因此发展他们的能力并实现他们的目标。

还有一组学生成绩也比较低，但他们没接受干预，相比之下，了解成长型思维的学生体验了多种积极的影响，包括以下：

- 他们一般不会认为智力是一个固定的品质。
- 在学年末尾，他们比那些控制组的同学获得更高的GPA。
- 他们更可能在下一个年级选修高等数学课程。

诸如这样的实验确切肯定了贯穿这本书始终的论断：基于研究的小小干预可以让学生的学习和表现产生实质性的不同。我觉得很少有教师会让学生在他们的课程完成成长型思维干预模块，但这个实验确实提供间接的证据——教育可以改变思维方式——即使它只代表学生在某门课程当中非常小的体验（高中一整学年当中的一小时）。而且它进一步地论证改变思维方式能够提升学生的学习成就感。

本书第一版的教学模式在这一章关注的是你如何做出小改变来提升学生的成长型思维。但自从第一版出版后的几年里，我开始相信改变学生思维方式的渴望应该有个更大的目标：帮助学生想象他们有获得成功需要的工具。换言之，除了我们想培养学生的社交和情感归属感，我们还想提升学生的认知归属感。当持有固定型思维的学生在这门课的第一次考试失败时，认知归属感起到很重要的作用。可能我这次考试的失败意味着我没有足够的智力在这里获得成功。可能我不属于这里。如果学生有以上想法，逐渐培养他们的成长型思维能够促进认知归属感。但除了改变他们的思维方式，我们还想做更多的工作。我们应该想着让他们装备自己实现力所能及的成功所需的具体工具。

我们应该想着告诉他们成绩好的学生也会寻求帮助，给他们提供清楚的途径获取他们需要的帮助。我们应该想着让他们意识到自己不仅可以提升，而且已经在自己的人生中实现很多了——比如，他们已经被大学录取，在大学里，他们乐意从我们这里学到什么，就像我们也很开心从他们身上学到什么。最终而且或许最有意义的是我们应该想着让他们确信自己有独特之处（世上独一无二的）为社区做贡献——接着我们应该给他们提供具体的机会来做出这些贡献。

## 教学模式：如何在学校提升学生的认知归属感

这一章的模式从一个活动开始，你可以在学期初使用这个活动来确认学生可以对你的课程做出独特贡献，并在整个学期继续使用一些小策略提升学生的认知归属感。

### 珍视学生的资质

多年前，我在亚利桑那大学开展一些工作坊，这些工作坊由数学家瓜达卢佩·洛扎诺主持。我和瓜达卢佩在炙热的阳光底下聊了两天，他给我介绍了一个观念，即学会看到学生（尤其是一年级学生或那些可能觉得自己跟高等教育无缘的学生）身上的资质。如同她给《谈论》写的一篇文章解释的：“对于刚来的学生有两种观点——一种是欠缺观，一种是资质观。第一种观点看到学生的不足：他们缺少什么。而资质观看到的是学生的长处：学生的文化背景、身份及学识能带来什么独特的价值？”换言之，学生显然在他们的学习中存在不足，但他们也为课堂带来了自己的长处。他们带来在先前教育中发展而来的知识和技能，这有助于我们共同的学习。他们带来自己独特的人生故事和经历，这可以为解答熟悉的问题带来新的视角并迎接挑战。学生来自不同的国家和文化背景，学生的家境优渥或贫困，学生有精神健康方面的挑战或经历过创伤——所有这些都能在我们的课程激发新的学习，而且所有这些都对我们发起挑战，让我们的教学法更加包容和更有创意。但简单地从资质的视角看待学生也不够；如果我们真的想把这个视角付诸实践，我们得为学生创造机会让他们和我们以及他人分享自己的资质。我们这么做，是在提醒他们正是他们学业上的优势让他们来高等教育求学，不管这些强项是具体的知识和技能还是独特的才能甚至仅仅是驱动力和坚持。当我们让学生跟我们说出他的资质，然后应用这些资质，这给他们具体的机会提醒自己他们属于这里。

和瓜达卢佩谈话后的开学第一天，我是这样开启课堂的——分给学生索引卡，让学生回应一套惯常的“认识你”的问题：姓名、家乡、专业。但接着我解释我想让他们把卡片翻过来，写上一段话回应最后一个提示：

> 你在学校擅长什么？对于学业你关心的是什么？你喜欢参与到课堂中吗？你是小组项目的好领导吗？这是一堂英语课，但可能你的强项是数据或数学；如果是这样，告诉我。如果我知道你擅长的，也许能够为你找到可以在这门课中使用的方法。

当我课后翻阅这些卡片时，我被学生对自己的学业成就以及才能的自豪感震撼了——我感到自己了解了他们每个人身上重要的东西，而且我将要和他们一起开始学习，为此我感到激动。我了解到他们努力地学习，他们灵巧地安排课后作业的时间，他们如何仔细安排让课程学习和体育课及课外活动保持平衡。我意识到他们对自己能够在小组很好地完成任务、参加讨论或辅导同伴感到自豪。我开心地读到许多学生喜欢课外写作。读完这些卡片后，我满脑子想的是：跟如此努力且有才能的学生一起合作是多么不可思议的恩赐。我感到非常幸运。而且这个视角让我对这门已经教了好多轮的课程以及对新一轮的学生产生崭新的热情；之前我可能觉得他们不过是另外一群来上课的本科生。

当然，诸如这种发现学生长处的活动，其目标是对学生产生影响，而不是对教师——即使我确实认为任何活动都能激发我对课程的热情，而且学生可能有积极的涟漪反应。但记住关于成长型思维干预的研究展示，仅仅两个20分钟的活动，就能给学生的表现以及记住所学内容产生积极影响。让学生描述他们的长处跟让他们改变对智力的观念不完全一样，这样的差异如此明显，我在这里就不用指出支撑这项具体活动的研究。但如果你想通过资质的视角看待学生，考虑下学期一开学向学生提出各种问题，提醒他们为何属于校园：

- 来学校读书，你真正擅长的是什么？你的学业才能是什么？
- 你有没有什么具体的经历或身份特征可能给这门课提供有趣的视角和材料？
- 你还有什么别的强项和才能可以帮你成功修完这门课？

确保你给学生一个正式的机会说出他们的回应，不管是写在索引卡上，还是其他形式。一些学生可能不想和班上其他同学分享他们的强项，因此我建议让学生单独向你描述他们的资质。你下次上课可以把听到的做个总结——让他们知道你的课上有这么有才华且有趣的学生群体，你为此感到非常开心和幸运。

## 实名表扬做得好的学生

2020年全世界都转向远程学习，这标志着我第一次完全在线上教学。起初这些令人惊恐的教学周，我跟你们许多人一样迫切需要资源和建议。对我而言幸运的是，疫情到来的前几个月，《线上轻教学》出版，样书就在家里的书架上。我写完了书中每个章节的理论部分，和弗劳尔一起写完该书余下的部分，但这本书的撰写大部分算是我的学术训练，因为当时我还没实际线上教学的经验。2020年3月，我把书从书架上取下来，带着新的、有目的的视角读这本书。我知道弗劳尔关于线上教学的一个深刻信念就是相信讨论的价值，因此我把线上讨论任务融入我修改后的课程。当我重读她对线上讨论的解说时，我记得弗劳尔争论我们不应该把讨论当成电炖锅，设置之后就不管了。讨论要求我们定期地参加；它们像花园一样需要照料。我被她的争论说服了，尤其是她说的一个点，即我们参加讨论最好的方式之一就是出现在讨论区，并表扬讨论最积极的学生。

当然，如同弗劳尔指出，为了学习这么做有很多好的理由。她描述自己使用的一个方法：她给每次主要的讨论线索写下或录下总结，这么做是要突出讨论中最重要的贡献，并论证这么做能够“巩固教学模块中产生的学习，从而帮助学生辨别线上热烈讨论的内容什么与学习内容最相关、什么内容需要他们记住”。学生通读几十个讨论板的帖子之后，他们可能感到不仅难以辨认重要的想法，而且给大量的文本及录像构建框架也不容易。那么你可以为他们做上述提及的事情，而且这也不用花太多工夫。每次讨论结束，我采纳弗劳尔的建议录制一个3—5分钟的视频，感谢大家参加讨论的视频，然后共享屏幕，评价三四个我认为大家读起来或思考起来最有用的帖子。这事实上是那个学期最令人享受的体验之一。讨论实际上是低利害性活动，只是根据完成与否打分，因此每次我读帖子、总结新的讨论内容时主要留心那些我可以拿出来表扬的发人深省的帖子。

我也追随弗劳尔的建议，确保自己认出这些帖子作者的名字。本来对此我没有想太多，直到我见证女儿的经历，在那时我变得更加确信这么做的价值不仅在于强调在你的课程学生课业完成得很好，而且还在于你记住了他们的名字。这个看起来似乎不起眼的小举动可能传递给学生他们在那个时候需要的归属感。显然不是只有在讨论板和线上课程你才能这么做。让自己养成习惯说出对你的课程做出杰出贡献的学生的名字，尤其当学生参加我在这本书一直推荐的低利害性活动时。你可能不想说出在你的考试中成绩优异或写出完美论文的学生的名字，因为你可能会遇到有关分数的一些隐私问题。但是如果某个小组在随堂活动中提交出色的作业，谢谢他们的努力。当某位学生对某个讨论做出贡献时，在你的回应中要具体地说："琪拉雅，这一点很棒，它能帮助我们通过新的方式看待问题。"如果你出于某些原因犹豫着在群体面前这么做（这也是可以理解的），那么你就课后给学生发简短的电子邮件。邮件无需太多言语："刚回到我的办公室，想着谢谢你今天在课上非常棒的评论；真的帮助我通过新的方式看待这个话题。"如果某位学生最近在你的课堂的某些表现不错，当她来到你的办公室，或者你在校园遇见她时，这么跟她说："嘿，谢谢你昨天引领你的小组。我真的很欣赏。"任何这样的小小评语都能够缓解处在边缘的学生的自我怀疑，给予她在你的课堂（甚至更广泛地说，在大学）成功需要的信心。

无论什么时候我给工作坊的教师推荐这个策略，就有人会问我表扬个别学生会不会对没有被点到的学生产生影响。（我还真喜欢听到这个问题，因为它提醒我教师是多么关心学生的幸福安康。）对于大班级而言，我不太确定对于这样的问题我是否有解决方案，但对于小一些的班级是可以的。为你的班级创建一份电子点名册，或者打印一份点名册，放在你的桌旁。每次你表扬做得好的学生，在这个学生的名字旁边打个√。学期的这门课，班里20到30个学生，大家至少都会做一件值得表扬的事；特地保证到了期末每个学生的名字后面都有一个√。

### 高结构化教学

学生在我的课程花了很多时间随堂写作或分组学习。一直以来我的做法是口头给学生指令，然后让他们开始练习。但活动开始前的两分钟，我总得重复指令，因为总有学生问：“您能再说一遍吗？我们该做什么？”我心想，天哪，我第一次讲解的时候你为什么不听？

维吉·萨瑟和凯丽·霍根关于包容性教学的研究成果让我更好地思考如何教学。当我第一次读他们的作品，我反思自己回应学生上述问题时的不耐烦，内心感到非常惭愧。萨瑟和霍根也在《高等教育编年史》中针对包容性教学给了出色的指导。他们指出支持学生归属感的其中一个最根本的方式是不要想当然地认为我们让学生在课堂上做的一切他们都非常胜任。来自优越学术背景的学生见识多，不管教授给他们什么问题，他们都相信自己有能力解答。如果我让学生分组做一些复杂的活动，那些自信的学生就会把桌子围成圈、开始做活动。但班里总有一些学生不是来自优越的学术背景，对于我让他们完成的任务，他们不是特别相信自己的能力及经验能够让他们胜任。当我给学生分组，随口说出一些指令，这些不自信的学生看到自己的同学立马响应，而他们却不知所措，这时他们内心就产生那些认为自己弱的问题：“为什么大家都知道就我不知道？”我读了萨瑟和霍根的著作之后，意识到学生让我重复指令可能不是因为他们没注意听，而是他们需要更多的帮助、弄清楚我让他们做的事情。

萨瑟和霍根解决这个问题的方案是：诸如小组活动这样的课堂体验，推荐我们尽可能给活动设置结构，他们称之为“高阶结构”，他们相信这对所有学生都有帮助，尤其是那些来自普通背景的学生：

> 对于多数本科生而言，多一些结构是有效的，而且对于不需要结构的学生也无坏处。今天来到你课堂的学生来自不同文化背景，有不同的个性，学习差异及对自己的信心程度不同。他们非常多样化，可能有时令人不知所措，但你可以让你教学大纲的结构、作业、测试以及教学法更清晰明朗，从而顾及更多人。根据我们的经验，所有学生都喜欢额外的结构而且也能从中受益，有些学生还受益匪浅。

如何在教学中设置更多的结构，这里针对我上面提到的语境举个例子，即当我们让学生做某项随堂活动时给出指令：“用幻灯片或活页纸提供清楚的指令”。我们观察到许多教师只是口头给一个单一的提示，但那些耳朵听不见、存在学习差异，或者需要提醒他们手头任务的学生就会落下。（如教师给一个单一的口头提示：吉姆·朗的故事。）幸运的是，我还要教好多年，很开心我从萨瑟和霍根这样的专家学习到了如何继续提高自己的教学能力。

如果你特别希望通过高阶结构创建一个更加包容的教学环境，继续问自己萨瑟和霍根在文章中提出的问题："这种教学方法会让谁落下？更高阶的结构可以包容这些学生吗？"

- 布置写作练习，如果只是口头说一下指令，那些耳朵失聪或注意力不太集中的学生会落下。在黑板上写下指令或把指令放在幻灯片上让这些学生看到自己需要的信息。

- 让学生分成小组，让小组独立完成活动，这会让那些安静且自我怀疑的学生落下，小组有那么一两个同学一直主动说话，他们就开不了口。在小组分配角色，整个学期轮流变换角色，确保每个学生都有机会通过不同的方式为小组做贡献。

- 提问时每次都让第一个主动回答的学生回答问题，这会让那些需要多一点时间思考问题的学生落下。使用同伴教学给每个学生机会思考他们的答案、回应民意调查以及和同伴谈论推理。

所有这些例子只需要教师再多做一点额外的工作，为参与性的活动添加一些结构——但正是这些额外的工作确保班级较少学生落下，更多学生感到自己的归属。

最后，我想给大家讲一个我非常喜爱的轻教学策略的例子；这个策略的目的在于让更多的学生参加课堂讨论，而且不需要教师额外准备或评估却能让更多的学生参与你的课程活动。在我指导的教学中心网站，我们偶尔会发表学生的文章。两年前，凯丽安·基尼（当时她是数学和中等教育专业的高年级学生）写了一篇文章说她经常被贴的标签是在数学课上不参加活动的学生。但实际上不是因为她不想参加，而是比起她的同学她需要更长一点时间来思考问题，而她的老师总是叫第一个举手的同学问答问题。直到她上了我同事杰西卡·克鲁兹的课，克鲁兹对班级讨论有个简单的规定：她会等到5只手举起来才叫学生回答问题。凯丽安写道：这个简单的做法“给所有学生机会解答问题、理解概念以及自信地与班上其他同学分享自己的答案”。一个先前觉得自己在课上被落下的学生，只是因为遇见一位包容的老师用了一个简单的教学方法就让她现在参与了课堂活动。当你回顾自己的教学实践时，不断问自己哪些同学落下了，看看是否只需通过诸如此类的技巧多增添一些结构就能让学生回归自己的课堂。

## 求助行为正常化

2017年社会学家萨拉·戈德布理科-拉伯发表了一篇论文，解释她最近在自己的课程教学大纲添加了一小段新内容，这段内容意在让学生遇到麻烦（比如自己的基本需求难以满足）时寻求帮助：

> 任何学生在吃饭或住宿方面有困难而且这些困难会影响他们在课程的表现，一定联系学生事务主任帮忙。再者，如果你不介意，也可以告诉教授。她知情后可以尽可能提供资源。

关于高等教育的成本及其对学生的影响，戈德布理科-拉伯写了很多，这些在她的著作《付出代价：大学成本、经济资助及美国梦的背叛》充分阐述，而且她比多数人更清楚有多少学生面临这些挑战。最让我震撼的是她在教学大纲写“基本需求”这样的表述传递了一个非常微妙的信息：即使你没能吃饱饭、住宿不稳定，你仍然属于这里。事实上，教学大纲包含了这样的表述暗示——而且可以由教师口头确认——校园有很多学生面临这样的挑战。这些挑战不会阻止你成功地读完大学。再者，还为你开通获得帮助的渠道。教学大纲里诸如此类的表述为我们支持高等教育归属感的最后一项工作奠定基础，即求助行为正常化。

大学生就学期间遇到困难——不管是基本需求、获取资源还是学习方面——当然可以寻求帮助。然而这些需要帮助的学生可能认为求助表明他们不属于大学。如果我看到大家都还行，只有我还在挣扎，而且还需要帮助，我可能就会认为自己没在正确的地方。就像我上文引用的NPR报道的密歇根大学农村学子的故事，有个学生表达了这样的情绪："一想到问别人该怎么做，我就为自己一无所知感觉很糟。"我所在大学的一位主任喜欢跟我们讲这么一个故事：她曾经建议一个学习遇到困难的学生在老师办公时间找老师帮忙。学生问她："但是一整个小时我们应该聊什么呢？"大家听了这个故事一笑了之，但它描述了问题所在。我们假定学生知道他们需要帮助的时候应该在老师的办公时间来求助。但我们想当然地认为学生知道什么是办公时间，他们足够自信来找老师帮忙，而且他们知道如果出现在我们的办公室门口会发生什么。我们不该把这些事情想当然，我们应该更进一步，向学生强调成功的学生都会求助。我们应该把求助的行为正常化。

诸如戈德布理科-拉伯说的一句话把寻求基本需求的行为正常化，但因为我在这一章关注的是认知归属感，所以我将着重在这个方面做推荐。从开学的第一天到最后一天，思考你如何和学生交流以下信息：成功的学生寻求帮助，以及我的课程里有提供帮助的途径。以下实用的步骤可以传递这样的信息：

- 在你的教学大纲重点涵盖一部分关于如何在你的课程寻求额外帮助的内容，然后在学期初和学生一起回顾各个获得帮助的选项。描述办公时间和复习时段，提供关于如何预约校园辅导中心的信息。在学习管理体系创建一个论坛让大家对课程提问，并敦促他们参加讨论（而且，当然啦，谁第一个发帖子就实名表扬）。

- 第一次考试后或学期低利害性考试之后让大家在办公时间来找你。每个人都得在办公室待两三分钟，自我介绍，并且明白来办公室不是去巨龙史矛革的巢穴，所以说不用害怕。
- 也可以让学生在办公室外面见你。我知道很多教师至少一周在校园咖啡厅或图书馆办公一两个小时。既然我们都很熟悉使用社交媒体，你也可以通过视频的方式见学生。这让通勤人员、家长和残障学生等更方便接触。
- 跟学生讲你遇到困难、寻求帮助的亲身经历。

寻求帮助正常化的工作应该持续整个学期。经常提醒学生办公时间，并在你快做第一个主要测评的时候，邀请辅导中心的某位老师过来快速讲解。

最后你可以召集你的学生帮你干这个活儿。乔·霍伊尔是我欣赏的大学教师之一，他是里士满大学会计专业的教授，我在《高等教育编年史》和先前的一本书中记录过他的工作。霍伊尔经常在博客上发布关于高等教育教学的文章，并获得不计其数的教学奖和教学荣誉。为了支持学生求助正常化，乔让课程考试得A的学生给未来的学生写一封信讲述他们是如何做到的。霍伊尔把写得最好的信件编成一个文件，每次教新一批学生的时候就发给他们读。他选的信件基本上如以下所列，信件内容强调学生遇到的挑战以及他们如何寻求帮助并最终获得成功。

> 不要在这节课放弃。第一次考试、第二次考试或一直到期末考试都不要放弃，就是不要放弃。到了最后尽管我觉得考取A的

机会渺茫，但我仍然尽最大的努力做到最好，这是值得的！甚至当你觉得自己没有做好的机会，去跟霍伊尔教授聊聊。我每次跟他聊了之后总会有动力做得更好。

想一想，你未来的学生是否需要读这样的信件？实际操作只需给课程成绩A的学生写一封电子邮件，让他们写一个描述他们如何成功的段落。多数考到A的学生都乐意完成这个任务。特意关注下学期的学生，至少有一部分学生遇到困难时会求助。

### *准则*

**强调成长**　你在这个领域持续的目标是提醒或让学生相信他们能够提升，能够变得更聪明，能够在你的课程成功。没错，人与人之间当然各不相同。但每个人都能提升。你不用告诉你的学生每个人都是天才，每个人在你的课程都能够考取完美的分数，或者每个人都有潜能。我班里有学生写作方面非常费劲儿，显然普利策奖不可能在未来颁发给他们。但这不意味着他们不能写得更好。修完我的课程，每个人都至少比他们刚来上课的时候更聪明一些。

**阐明、阐明再阐明**　学业成功不仅需要聪明，也需要知道怎么做让自己成功。这意味着懂得如何上学。总会有一些学生不太清楚如何念书，这些学生不用难过，因为他们没有当教师的家长或者没上过资源很好的高中，或者不是来自书香门第的家庭背景。不要想当然地认为学生知道如何在你的课堂学习。当你为学生创建文件，或介绍新的评估或活动，甚至只是随意跟他们聊聊时，问你自己萨瑟和霍根提出的问题：我有没有落下任何人？

**聚焦** 这一章推荐的策略有助于培养所有学生的归属感，但有些学生在这个领域可能比其他学生更需要你的帮助。如果你关注每个学生的时间和精力有限，就把你的工夫聚焦在最需要帮助的学生身上。我们教了一段时间之后，通常能认出哪些学生感到自己被排除在外或在我们的课程学得费劲，因此当你表扬学生做得不错或给学生发送支持他们的电子邮件时，确保优先考虑这些学生。

### 即学即用小贴士：培养认知归属感速成模板

逐渐培养学生的认知归属感可以从学期初延续到学期末都践行这样的策略。

- 学期开启时，让学生说出他们带到你课程的长处：他们的学术强项和才能、经验或文化背景，让他们对课程内容有独特的视角；甚至还可以让他们说出与课程无关但他们为此感到骄傲的一些才能。
- 当众表扬学生优秀的作业，尤其是学期期间完成的低利害性测评：如果可以的话，记录这些你认为作业优秀的学生，而且确保大家都会听到他们的名字。
- 为课上使用的积极的学习策略构建高阶结构。确保你的指令也有文字版的，分配小组的角色，通过写作、同伴指导以及更多的方式鼓励大家参与课堂活动。
- 求助行为正常化。从教学大纲到期末的复习时段，让学生明白即使最棒的学生也需要帮助——这是让他们成为优秀学生的一部分。为学生指明可以求助的途径。

# 小　结

## 成长型思维能够增强认知归属感

这一章的所有教学模式都关注如何帮助学生相信自己属于学校校园——但我想通过某项研究来写这个结论，从而让你——亲爱的读者——也相信学生属于你所在学校。这项研究让我们回归思维方式的理论，给我们另外一个理由反对固定型思维的想法和做法。这项研究的研究人员在一所研究型大学，对所有STEM学科的150个教师做了问卷调查，目的在于评估教师对学生持有固定型思维还是成长型思维。研究人员问教师他们是否同意这样的陈述，比如："说实话，学生有一定的智力，不过他们真的做不了什么来改变智力。"他们调研中的一些教师信奉诸如此类的固定型思维陈述，而另外一些教师反对这样的陈述并对学生持有成长型思维的视角。研究人员接着查阅这150名教师的所有学生在7个学期的课程成绩。这给了他们大量的数据：15000份课程成绩。在这么多份成绩里，他们找出大约1600份自认为是"少数族裔贫困生"（缩写为URM学生）的课程成绩；"少数族裔贫困生"一般分为三类：黑人、拉美裔和土著印第安人。因为研究人员有这样的人口数据，他们能够看到教师的思维方式是不是给少数族裔贫困生带来跟主流白人学生不一样的影响。

确实如此。持有固定型思维的教授所教的学生课程平均分比持有成长型思维的教授所教的学生平均分来得低。但对于研究项目中少数族裔贫困生，差距增加了一倍。这项研究的作者也了解教师的许多其他特征（如年龄、性别、职称、教学经验等），来看看他们的身份或经历的其他方面是否解释了如此令人震惊的发现。这些其他因素揭示了一个相似的成就差距。顺便一提，这些固定型思维的消极影响不仅限于课程成绩。研究人员也看了这项研究给教授做的4个学期的课程评估，发现持有固定型思维的教授所教的学生在这些课程的学习动力也比较低。

这篇论文的结论概括了轻教学的理念以及总结了我读过的相关材料。如同他们指出，机构花了大量的资金试图解决STEM课程的成绩差距问题，争取让校园所有的学生都迈向成功。但他们可能忽略了一个非常简单而且成本低的策略，让教师相信学生是能够成长的：

成千上万的联邦资金已经预先安排给以学生为中心的创举和干预，来抵御高等教育的不平等以及拓展STEM的教育路线。不是给学生增加负担和给他们构建严格的学习结构，我们的工作让教师注意到他们的信念如何跟在STEM课程表现不好而感到羞耻的学生关联。在教师思维方式干预方面投入资源有助于教师理解他们的信念对学生的动力和表现产生影响，帮助他们在班级创建成长型思维文化，这无需什么费用，甚至分文不花。

我们显然想要也需要大规模实验和研究的基金，这些体验和研究有助于我们发现支持STEM教育以及普通教育的新方式——尤其是给少数族裔贫困生。但不要等大量的资金到位才开始提升学生在校园的归属感。如同这最后一项研究表明，让学生相信他们属于校园的最好方式是首先你自己相信这一点。

第八章

# 激发学生积极情绪，让学习充满动力

## 完成博士论文：外在的动力推动我前行

我的博士论文写的是历史在20世纪英国小说中的应用。我现在仍然为这个话题着迷。如果你喜欢英国历史小说的某部好作品，你和我应该坐下来一起喝杯茶、促膝长谈。但多数获得高学历的人都知道，写一篇博士论文或硕士论文有时就像在沼泽里跋涉：你奋力想让每只脚往前迈，然而这个旅程却似乎没完没了。尽管我很爱这个博士论文的选题，而且大体我还是很喜欢写作的，但有许多次我还是想着放弃这个项目，到一个二手书店做一份全职工作，在柜台边安静地读书，不用管顾客，大腿上卧着一只猫。让我坚持写论文的是我很清楚只有完成博士论文才能获得博士学位，而且只有获得博士学位，我才有机会争取终身教职。继续驱动我迈向这个目标的是我的妻子和我两岁的女儿，当时妻子安妮在芝加哥的一所私立学校任教，工资只是稍微比我的博士生活津贴多一点点。也就是说，我们的经济状况不富裕，而且好些年来我一直向妻子承诺我拿到博士学位后不管怎样总会找到工作，即使我不得不离开学术界也要找到工作。最后我完成了博士论文。回顾这一切，我看到让自己抵达终点的不仅是我对选题的热爱，而是当我一想到多读或多写英国历史小说的一个词都无法忍受的时候，外在的动力推动我前行。

翻阅有关动力和学习的研究资料，你就会发现这些资料里常常将两种非常重要的学习动力进行对比：内在或内部动力与外在或工具型动力。外在的激励因素包括学习者想通过成功的学习得到一些回报，比如奖项、荣誉或赞扬，甚至是成绩；我写博士论文时候的情况是希望找到一份工作、渴望经济稳定这两个强大的外在激励因素。而内在激励因素则是学习者自身产生的驱动力，比如喜欢学习的内容、肯定它在生活中的实用价值或肯定它具有更广泛的终极价值（比如它可以给学习者带来性格或精神上的提升）；我当时写博士论文的情况是对选题的兴趣、渴望在我的论文中论证我的主论点，这些是内在的激励因素。尽管很多时候写论文就像在沼泽地里跋涉，但是当你追寻某个深刻见解或带着喜悦和满足一气呵成写完几个段落，这样的时刻让人觉得无与伦比。

关于学生动力的一个理论认为，当学习者被内在动力驱动，这时产生最好且最深层的学习——换句话说，当学习者关心学习本身或需要学习的内容而不是她在学习时段结束得到一些奖励。在我看来，这个理论代表动力的简化版研究，表明真正驱动学习者的恰恰是我写博士论文时经历过的：外在和内在动力的混合。你可以在生活的各个领域看到这一点。我们多数人都知道自己应该运动，但经常鼓舞我们开始运动的是诸如Couchto 5K这样的小程序，在里头我们可以给自己设定目标，得到徽章和贴纸的奖励，并在社交媒体上分享我们的成就。我相信你热爱教师这份职业，但我也相信有些日子你很想抛开所有关于教学的挑战和难题，找一份不需要每天跟这么多人类以及他们不可预知的、神秘的行为打交道的工作。在这些日子你回到教室，至少部分是因为你有这么一份工作，而且这份工作让你挣到维持生计的钱。同样，你的学生有些日子发觉你的科目令人着迷，也有些日子他们宁愿做任何事情也不要学习你的课程——在这样的日子，外在的动力能够帮忙推动他们前行直到他们的内在动力重新回归。

多数教育体系完全依赖外在动力，比如分数和学位。一群直言不讳的教育批评者最近几年一直争论出于许多原因，教育者需要停止使用分数，其中一个原因是分数可能会破坏学生的动力。我不完全赞同这个论点；我看到分数也能让学生产生动力，就像外在的动力帮助我完成我的博士论文。学期第13周的周二早上8:30，一个筋疲力尽的学生可能为了期末的好成绩而促使他们上完那天的课程。但我真心赞同的是那些教育批评者说的，长久以来我们一直把诸如分数这样的外在动力作为教育的首要或单独的来源，而我们需要做得更好的是培养学生内在的动力。每个学生都不一样，对他们每个人合适的动力略有不同，但我们每门课都只是在碗里倒入同样的食材（分数）给大部分的学生。如果我们真想鼓舞学生在我们的课程学习，我们需要把我们的注意力更多地聚焦在构建他们的内在动力，引领他们通过求知欲和兴趣这样的源泉来学习，就像当初我们也带着这样的求知欲和兴趣选择我们的学科、从事教学事业。

助力点燃学生的内在动力之火可能就像一门最不可能获得轻教学奖的科目却成了无懈可击的获奖候选人。期待在课堂10分钟就让一个本来对文学毫无兴趣的18岁学生突然深深地热爱英国小说，这听起来简直就是天方夜谭。但也不像你想的那么复杂或雄心壮志，因为在课堂上我们有一个可以把人类的动力调动起来的杠杆：情感。

## 积极情绪可以成为学习的动力

莎拉·卡瓦纳是圣母升天学院认知与情感科学实验室的主任，也是《学习的火花：用情感科学激励大学课堂》一书的作者。她在这本书中对情感因素在课堂内外给学生带来的影响进行了权威的分析。大量研究证实了情绪在生活的方方面面起到十分重要的作用，包括在教学和学习过程中。卡瓦纳对这些研究进行全面评述后，得出结论：

> 情绪就在你的身边，它引导你做出决定，小到从水果筐里挑哪三个李子，大到是否离开你的配偶。那么，我们不难想象，在学生学习的各个阶段，情绪也同样引导着他们做决定，从这个学期选修什么课，到感恩节前的那个周二是不是要积极参与你让他们进行的讨论。

你自己当学生或教师的时候应该已经体会到这一点。也许你经历过我在这一章的引言中提到的那些事情，强烈的爱或悲伤影响了你，让你无法集中精力完成某个学习任务、上完某节课甚至整个学期的所有课程。也可能你是通过更积极的方式体会到这一点，比如在实验室奋战或在图书馆里读书的时候，你突然灵光一现，于是这种兴奋、好奇或快乐的情感给了你写毕业论文、写文章或写书的灵感，甚至让你对一门新课程产生了自己的想法。你也可能以一种更复杂的方式体会到这一点，当你因为某些事情感到受阻碍、沮丧或困惑的时候，反而受到激励去学习新的东西来平复这种感觉。

关于情绪和学习机制的研究提到三大关键要素，尽管它们永远无法说明情绪与学习之间的全部联系，我还是觉得作为一名教师，应该好好利用它们，所以我将重点讲一下这三大要素。首先，也是最普遍的一点，情绪可以帮助我们抓住学生的注意力。卡瓦纳在书中写道："激起学生的情绪可以带来大量身体和大脑的连锁反应，这些反应会让认知和生理表现达到最好，同时也有助于加强记忆。"卡瓦纳认为，正是因为我们先有了情绪，才会存在这种情绪与注意力之间的联系。最初，情绪会把我们的注意力吸引到为了生存而想记住的经历上。

之所以说情绪很重要，是因为它既影响着动机——激励我们选择对生存和繁衍后代有利的事物（比如高卡路里的食物、有吸引力的伴侣），让我们远离可能威胁到健康与幸福的事物（如有毒的蜘蛛、腐坏的食物），同时也能影响学习，将某些经历和技能看得很重要，所以就会格外关注并记住它们。

随着大脑的进化，情绪会帮助我们每天从遇到的一堆经历中识别哪些是需要学习和记住的重要事项。由食肉动物带来的恐惧会让我们记住避开树林中的那条路；吃到一种营养丰富的果子带来的愉悦之情会帮助我们记住这棵树的样子，也记住它的位置，这样第二天还能再找到它。我们大脑的情感部分仍然通过这些基本机制按部就班运作：当我们感到强烈的情感时，我们的注意力和认知力得到提升。在教室，我们可以通过激发好奇、惊奇、开心等情感抓住学生的注意力，并将其导向学习。

但促进学生学习的其中一个情感有特殊的作用：目的感，尤其是超越自我的目的。2014年若干研究人员发表了一项长期研究，题目奇妙地叫："枯燥但重要"。这个项目探索什么类型的目的最能鼓舞学习者坚持重复学习有挑战但对于未来学习或学业成功很重要的任务。这项研究最惊人的结果是，超越自我的目的对学生产生最强烈的驱动力，使学生坚持做完有挑战的学习任务。超越自我的动力与自我为导向的动力截然不同，后者描述希望得到一份好工作或提升个人知识能力。超越自我的动力描述帮助他人、以某些积极的方式改变世界，变得与众不同这样的渴望。研究人员对来自低收入家庭的高三学生进行了一系列调查，这些学生下一年秋天即将考大学，调查的结果第一次反映了超越自我这个动力的强大力量（超越自我目的性最强的学生最有可能被录取）。在对大学生进行的实验中，超越自我的力量再次得到印证。这些学生在期末考试之前要解决和学习一些很难的复习题，研究人员事先提示他们超越自我的目的性在学习中的作用。

结果显示，在学习上的超越自我的目的会让学生更容易深入学习枯燥的学术任务……相比控制组的学生，那些写下自己认为对这个领域知识的真正理解能帮助他们超越自我、为世界做贡献的学生会加倍花时间在复习题上。

只要我们想着为学生的学习注入目的性，帮助他们意识到他们的学习可以为世界带来一些改变，那么恐怕这就是一笔最合算的买卖了——这么做既能引导他们的注意力，也能激励他们在遇到难题的时候坚持下去。

最后，情绪具有社会性。卡瓦纳借用马乔丽·凯勒的一个短语，把情绪称为"燎原之火"：情绪是可以传染的。说到这一点，我们自身的经历就可以拿来当很好的例子。当你一个人在家看情景喜剧或喜剧电影时，会经常笑出声吗？我打赌，当你和一群朋友一起看喜剧或在电影院里看电影时，更可能经常笑出声。人类是社会动物，受相互之间的情绪影响，在电影院这样，在教室也一样。对课堂教学的分析发现，教师的热情会影响到学生，让学生也产生对学习的强烈热情，这直观地体现了情绪的传染性。比如，卡瓦纳提到了一项研究，研究人员检测了瑞士一所中学教师的教学热情，发现教师对教学的热情程度与学生的课堂学习情况有惊人的关联："统计结果显示，教师的教学热情可以预测学生对学习内容的喜爱程度和感知价值。"尤其是"感知价值"这一点，我们应该予以特别关注。前面我们提到过安布罗斯等人将主观价值确定为教育中学习动机的关键驱动力之一，在这里我们看到，教师的教学热情恰恰对主观价值有积极的影响，只是这里换了一种说法，即对学习内容的感知价值。我们在学生面前表现出来的情绪，特别是对所教内容的积极情绪，可以很好地刺激学生的学习动机。

但你和学生之间的社会联系还只是其中一个方面。在教室里，学生数量明显比教师多，所以很自然，学生的情绪对彼此的学习动机带来更大的刺激。丹·钱布里斯和克里斯托夫·塔卡克斯在《大学如何运作》一书中证明人际关系对学生的整个大学生涯有巨大影响，包括课堂上的学习情况。他们说："大学里，最重要的是谁在什么时候遇见了谁。"他们采用多种研究手段，包括访谈、调查和分析学生工作，对他们学院的学生和校友进行了一项长期研究，最终得出这个结论。他们发现人际关系和社会团体在动机上起到的作用非常重要，书中这么写："动机至关重要……而与他人和一个社会团体的情感联系能提供最强有力的动机。"学生会通过自己对学习和作业的认真程度、谈一门课程的方式、课堂上或参与小组活动的行为（比如说话，或不说话），向其他同学传递他们各种不同层次的动力。在做这些事情的时候，他们会传达情感信号——比如这门课程对我来说很重要、我很喜欢这场讨论或这个教授讲课很枯燥——而其他同学接收到这些信号并做出回应。在我自己的教学中，我也经历过这些情况，比如，班里一部分积极参与并且学习动力强的学生会让整个班级活跃起来，同理，一些公开表现厌烦或沮丧情绪的学生也会破坏整个班级的学习氛围。杰伊·霍华德在《大学课堂上的讨论》中写道："在社交过程中完成的学习是最重要也是最有效的学习。"不论是教师还是学生，都对创造和决定这一社交过程的情况起着至关重要的作用。

讲到这里，你可能会想，我是不是要推荐一些类似让小组成员手拉手或者励志演讲之类的方法来营造课堂上对学习最有利的情绪氛围。别担心，我不会让一堆人手牵手的，我也不会在这里（或本书的任何地方）推荐一些自己不会尝试或还没尝试的方法。实际上，下面这些教学模式可能不会让你觉得与情绪和动机有明显联系，但我希望即使你不想考虑学生的情绪这个话题，也会觉得这些教学模式是合理的、可以运用到课堂上的教学方法。这6种模式能给你的学生一些积极的、活跃的情绪刺激，让他们克服课程中遇到的难题，还可能激发一些学生进行所有教师梦寐以求希望学生去做到的深入学习和终身学习。

## 教学模式：如何调动学生的积极情绪

以下的教学模式既可以帮助你激发学生的情绪，比如好奇感和目的性，也可以激发你自己的情绪，比如热情和同理心。它们都可以调动学习热情，带来更好的学习效果。

## 以好奇开启

彼得·纽伯里是一位天文学家，现在在加州大学圣地亚哥分校担任教学中心副主任。在该中心的网站上，他发表了一篇很好的博文，题目是《不必等到上课铃响才开始教学》。在文中他描述了一项教学活动，这个活动向我们很好地示范如何在课程一开始塑造诸如求知欲和好奇心之类的情绪来抓住学生的注意力。美国宇航局（NASA）的网站上每天都会发布一张当天最新的宇宙天体图，受这张“每日天体图”的启发，纽伯里提出，教师也可以在开始上课时——甚至可以在正式上课之前——在教室前面的屏幕上放一张图片，并提出两个问题：你从这张图片中看到了什么？你想知道什么？用这张图片引导学生在课程开始前进行非正式的交流或思考，然后在课程开始的几分钟进行一场短暂的讨论。纽伯里认为，这个策略可以实现多重目的，这些目的在这本书的前几章已经提过。比如，这样的活动可以激活学生的已有知识，帮助他们建立与已有知识之间的联系；这个活动还是进行预测和提取练习的好机会。纽伯里在课上用的是美国宇航局的“每日天体图”，你可以用其他任何内容代替，比如，写作课上你可以用一个很好的句子，政治课上用一个新闻头条，音乐课上用一段音频，考古课上用一个实体物件……

我之所以认为这是一个很好的轻教学方法，是因为这一方法可以让教师传达一个讯息：我觉得这个东西很有意思，我想你们也会有同感，我们一起来想想吧。这一讯息可以激发我们之前提及的多种动机性情绪，所以我觉得这是一个让你和你的学生共同开始（或提前开始）一段学习旅程的绝佳方式。

## 以故事开启

课程开始的时候，触动学生情感最简单的方法就是讲故事，每个优秀的演说家、喜剧演员、主持人和传道者都会用这种方法。人类喜欢讲故事也喜欢听故事，认知心理学家丹尼尔·威林厄姆说过："人脑好像特别容易理解和记住故事，心理学家有时还认为故事'在心理上受到优待'，意思是说人脑的记忆对待故事与对待其他内容有所差别。"威林厄姆指出一些实验结果表明故事好像有一种特别的力量，能抓住和保持人们的兴趣，他说："研究阅读的学者们做了一项实验，让人们阅读一些不同类型的材料，并评价它们的有趣程度。从大家评价的结果来看，故事总比其他形式的材料（比如说明文）更有趣，即使这些材料传达的信息内容一样。"威林厄姆和其他研究人员想了许多原因解释这一现象，但我觉得其中一个明显的原因就是，好的故事可以唤起情感。故事可以带来欢笑、悲伤、迷惑和愤怒等情感。的确如此，我很难想到哪个好的故事不会唤起任何情感。从莎拉·卡瓦纳的研究我们了解到，当我们有情感的时候，认知能力会得到提高，所以，如果我们能在课程一开始就用故事来抓住学生的注意力、激发他们的情感，就能让他们做好准备、接着学习接下来的内容。

你可能会在课堂上或讨论中讲到许多故事，包括这一学科一些重大发现的故事、这一领域重要思想家的趣闻轶事、你自己经历的与课程话题相关的故事或你在日常阅读、报纸、电影或喜欢的电视剧里看到的故事，等等。你可能会在课程中随意穿插这些故事，或者在课堂讲解时突然想起某个故事，就用它来阐述一些重要观点。这里给大家的轻教学建议是：更有目的性地使用这些故事。选一个最精彩的故事作为开始，然后时不时再讲个故事重新引起学生的注意力。最好先讲一个激发学生对课程学习内容的兴趣的故事，如果这个故事能唤起学生的一两种情感那就更好了。比如，在我的英国文学概论课上，讲到浪漫主义文学这部分内容时，我通常会给学生讲述这个时期存在的经济差距，以及因为这样的经济差距，那时许多作家开始专注于写穷人和受到社会排挤的人的故事。这部分课程和其他多数课程一样一直进展得很顺利，直到有一次在那个时期的报纸上读到一则令人心痛的故事：一个打扫烟囱的孩子被他的主人毒打致死。那次之后，每当讲到浪漫主义时期的经济状况，我就会先讲两个故事作为开场：一个就是这个可怜的烟囱清洁童的故事；另一个是摄政王的加冕仪式，这也是那一时期英国最奢侈的事件之一。一开始我是分开讲这两个故事的，后来干脆放到一起讲，这两个故事帮我吸引了学生的注意力，也让他们做好准备学习接下来要讲的贫富和收入差距方面的内容。到了期末，在这门课的期终论述题考试中，我发现学生们仍然记得那个烟囱清洁童和挥霍浪费的摄政王的故事，而且在回答浪漫主义时期的相关文学问题时还会引用这两个故事。

威林厄姆推荐了另一种在课堂上使用故事的方法，就是把整堂课的内容放进一个故事框架："把整堂课设计成一个故事的形式是一种帮助学生理解和记忆的有效方法。"举个例子，你可以一上课先讲故事的前半部分，给学生留下悬念。然后到下课前，你再把故事的后半部分讲完。另一种方式是课程开始时先提一个问题，再说明这节课要讲的内容将会帮助学生得出答案。就像威林厄姆在书中所写的："我想让学生学习的内容其实就是问题的答案。这些作为答案的内容本身并没有意义，但如果你知道问题是什么，答案就会显得很有意义了。"总而言之，想想怎么利用课程一开始和结束前的几分钟，提出一个有趣的问题或者以故事为开场来激发学生的学习兴趣，然后在课程结束前解决提出的问题或讲完整个故事。在这种模式下，你在课堂上要讲的内容其实并没有什么变化，你改变的只是课程的框架，而你只需要通过轻教学活动的形式就能实现这样的调整。

### 唤起学习目的——超越自我的目的

在一整个学期的课程学习中，学生和教师都可能时常忘记大局。在第七周埋头苦干解决某个棘手的问题时，他们可能忘了你教过他们的一些技能，而且这些技能帮助他们通过注册会计师考试，或成为成功的企业家，或给他们提供需要的技能让他们实现结束世界饥饿的抱负，学生需要你常常调动他们做练习、上课和学习课程单元的积极性。几位研究人员对西点军校的学员在大学和整个军旅生涯期间的动力进行了大规模研究，提出经常调动学习目的性可以营造一种促进和收获深层次的内在动力的氛围。尽管这些研究人员描述的话语偏向商业机构，但研究的发现很容易被推广到教育中来。

如果除了赚钱之类的目的，企业不怎么强调其他目的，那么随着工具型动机成为支配性动机，内部动力会逐渐消失。时不时稍微提醒大家一下公司的组织性目的可以保持内部动力的支配地位……应该强调一下他们的工作可以带来诸如此类的有意义的结果（比如可以影响到他人、掌握一门技能）。

从耶格尔、亨德森、保内斯库等人所做的题为《枯燥但重要》的研究中，我们了解到：对学生来说，有效影响他们学习动力的是强调你教的这门课程可以帮助他们对自己的同胞或这个世界产生某些积极的影响。如果通过这种方式激励学生，首先要提醒你自己这门学科的重要意义，而在长年累月的教学或一整个学期的辛勤工作中，我们可能忽略了这点。在我的写作课进行到一半的时候，虽然我不会一直想着文学作品和演讲的强大力量废除了奴隶制、创建了新的国家，或者激励人们放下一切，致力于为穷人谋福利的伟大事业，但我知道事实就是这样。这些事情激励了我，它们同样也可以激励我的学生。

西点军校那项研究的作者说，时不时地稍微提醒学生可以唤起学习的目的性，这实际上就是轻教学提倡的。我们可以通过以下方式提醒学生学习一门课程的更大目的（或意义）：

- 在教学大纲中。描述课程时不要写这门课程将会讲到什么内容，而应该写它能给学生带来什么：通过这门课程的学习，学生可以学到什么技能，让他们来改变世界？学习可以给他们的生活、未来和职业带来什么好处？上课的第一天就让学生明确这些目的。

- 在每次作业中。在每次作业中体现教学大纲提到的这些目的。用一些单词或词组把每次作业与课程前景进行哪怕一点点的关联。比如："这次的论文是为了帮助大家学会提出论点并用论据来支持这一论点……这些演讲练习可以帮助你学会如何向一个机构或一群人进行有效推销……"

- 在真实或虚拟的黑板上。把一节课的目标与课程的总体目标联系起来，最简单的方式就是在上课时——不管是真实的课堂还是虚拟课堂——让这些联系一直呈现在学生面前。每节课上，都在黑板上写出课程或某个单元的总体大纲来，并在上面注明这节课将要讲到的内容。可以写在教室的黑板上，也可以放在课程网站的独立网页上。

- 在课程一开始或结束前的几分钟里。利用这些绝佳的时间来提醒学生我们都学了哪些、学到什么程度、将要学些什么，还有最重要的——为什么要学这些。

只要你在教学大纲和学期初那几周有效提醒学生课程的目的，那么在接下来一整个学期的教学过程中，稍微提醒学生学习内容与学习目的之间的联系就可以了。

## 分享你的热情

如果教师希望学生重视学习内容，不仅教师自己要重视——当然教师肯定都重视——而且还要让学生看到教师的重视。大量的教育学研究资料都说明了教师的教学热情可以激励学生的学习。但你总会看到一些教师说，自己不该在课堂上手舞足蹈地向学生称赞课程内容，以此激励他们的学习热情。在我的教学生涯中，我也曾读过这方面的文献，出于性格内向的原因，我同样很不以为然。那时我教的是英国文学高级研讨课，学生在课堂讨论中都能很积极地参与。我想，他们应该不需要我的热情和鼓舞了，于是我只是粗略地准备了下一次课的内容，并且决定不再像往常打了鸡血一样，用自己对这部作品的热情来激发学生的课堂讨论。那天，我走进教室，与学生一起坐在研讨室的长桌前，没有说任何激励人心的开场白，而是很平静地对我们阅读的这部作品进行了几分钟讲解，然后就让学生开始讨论。在我15年的教学生涯里，那是我经历过的最糟糕的一堂课。尽管我总共已经上过差不多几千节课了，但我对那节课依然记忆犹新，不只是因为那节课让我身处一个死气沉沉的课堂而感到可怕，还因为那节课后，我深切感受到自己这种错误的做法。那一刻我意识到，不论我的学生多么优秀，不论课程进展得多么顺利，我都必须为课堂注入能量。用莎拉·卡瓦纳的话说，要在课堂上燃起燎原之火，我必须先点燃那根火柴。

虽说如此，但你也不必手舞足蹈地用夸张的方式向学生表示你重视这些内容、这些内容对他们有深远的影响（比如他们的生活、集体或整个世界），并且你希望他们也能重视这些内容；相反，你只需默默地感染他们，比如在课堂上自然而然地讲自己的经历，向他们讲述在你的学习过程中那些引起你兴趣或者引导你产生新发现的瞬间。你还可以在课堂上讲你觉得很有意思或很重要的内容时告诉大家：在我们这学期要读的所有作品里，这部作品是我最喜欢的，虽然我已经读了20遍，但我还能从中得到一些新想法；或者，这个问题一直让我很感兴趣；又或者，整个学期我都在等着这个内容，因为我们将要讲到的这一点就是大家在职业生涯中会面临的最有趣的挑战。这里的轻教学建议就是，在课堂上主动向学生表达你刚学这门课程时的热情，或者你与同事和其他教师讨论这门课程时的热情。当我在走廊和一位同事聊我最喜欢的小说家新出的作品，这时我会非常兴奋，这种兴奋也可以在课堂上表现出来。

要做到这一点，你可以通过许多简单的方式实现，关键是你要尽量在课堂上主动表现出自己热情的一面。你可能和其他教师一样，觉得你的课堂枯燥、沉闷。但有一次我听到的一个建议帮我更有效地激发热情。我希望自己能够想起告诉我这个建议的人并向他致谢，但这是在我参加过无数次的教学大会或工作坊当中听到的，在我的记忆深处，细节都不记得了。我确实记得的是这位教师解释每节课开始之前，他们都会到办公室坐下、用5分钟的时间整理自己的想法——更重要的是——提醒自己教的学科令人着迷的地方。不管当天他们安排教什么课程内容，他们都试着为当天的教学重新捕捉他们之前为自己的学科感受到的惊奇。这将为课堂注入活力和热情。即使只用一到两分钟，你可以实验几周看看，在你每次开始上课之前，关掉你的设备、只是整理自己的想法。用这些时刻联结你觉得当天教学材料最吸引人的点，让这精彩之处浮现在你的脑海里——让这样的精彩整节课都驻足在你的脑海里。

## 关照每一位学生

几年前我有机会参加一个在我们学校举办的活动，讨论师生关系如何影响学生的学习。一位心理学的同事，葆拉·菲茨帕特里克，为这次讨论提出以下精彩的想法。葆拉说自己是一个内向的人，但她决定努力跟班上的学生互动。上个学期，她每次提前5—10分钟到课堂，跟班上同学聊天。她精心策划，确保整个学期下来至少都跟班上的每位学生聊一次："甚至坐在后面一排面无表情的孩子——我也记得跟他聊。"学期结束后，葆拉收到学生的评教时，非常惊讶地发现不少学生注意到她的这个简单之举提升了班级整体的积极氛围。这个经历触动她的是：以前她可能只是跟坐在前排的学生聊，这学期她至少跟每个学生都聊过一次。

为了帮助大家理解为什么这个小小举动对学生而言意义重大，以及这个举动如何跟学生的情感关联，让我们一起思考钱布利斯和塔卡克斯更精彩的发现；他们这些研究都汇报在《大学如何奏效》。这本书是钱布利斯和塔卡克斯以及机构的其他研究人员合著的，分析他们所在大学的大多数学生的写作情况，试着确定学生的写作在大学4年是否得到提高。分析得出一个令人惊讶的结果，即许多学生的写作在大学一年级的时候展现非常快的进步——有时是来大学念书的前几周或前几月就进步飞快。他们得出的结论是，这样的情况发生不是因为任何具体的指导，而是一个非常简单的理由，他们就读大学的老师一开始就致力于批阅学生的作文，给作文写评论以及单独指导学生。当学生看到老师确实批阅他们的作文时，他们更有动力在写作方面多加努力——而这样的努力让他们的写作能力立竿见影地提升。如同钱布利斯和塔卡克斯解释的，“对学生而言，来自教授的关注很重要：教授花了工夫；教授帮助我。教授的这些关注跟学生说：写作很重要。甚至，这些关注对你说：你的写作很重要”。这表明关注学生作文这一纯粹的事实激发了学生的动力。同理，我那心理学同事的经历表明关注班里的学生在创建班级积极氛围方面起到显著的作用——如同她后来跟我们解释的——参与班级讨论的学生数量增加了。

看看你是否能找到使用课堂前后一点时间的方式——上课前的几分钟，或上课后的几分钟，或你线上课程规定的内容大纲之外——关注课程的每一位学习者。钱布利斯和塔卡克斯的研究表明，这个非常简单的行动不仅能够提升学生的动力，而且可以促进每天的学习。

## 让你的语言变得有温度

新冠疫情让大家有了一个新关注，即我们学生的身体是脆弱的，课程之外的生活也不容易，老师得更好地关照学生的Cura personalis——关照人的身心。Cura personalis，这个拉丁短语来自圣依纳爵堂的精神教导，长久以来都是耶稣会教育的一个特征（我在耶稣会机构当学生的时候学的这个短语）。我们思考如何教育学生的时候应该把Cura personalis/关照人的身心纳入思考范围。我在前面章节提出的一些推荐有助于关照学生的身心，但我想在这一章的末尾添加最后一个策略，你可以用来更好地关照你的学生，创建各种鼓励学生需要时就求助的社会关联。

在过去的几年，一些研究人员一直对比诸如教学大纲或作业单等课程文件表述的语言“冷”与“暖”的差别。冷语言包括对政策和结果中立的描述；暖语言是共情的、同情的以及吸引人的。暖语言解释政策的缘由，鼓励学生需要帮助时就说出来，并传达对学生面临挑战的理解。里根·古隆和诺艾尔·盖拉尔迪（2021）开展的一项研究让200多名学生读用暖语调和冷语调写的教学大纲，然后问他们愿意向哪位老师求助。读暖语调教学大纲的学生汇报他们比较愿意在若干关键领域寻求帮助，包括他们做课程作业遇到问题时。这里有个暖语调的课程大纲描述，看起来像是某次实验没提交作业或迟交作业：“大家都不喜欢在自己的人生中遇到这样的事，而且我也理解这些日子多么艰难……我愿意给你们做一个补救测试。”相比之下，我在许多课程大纲看过这样的冷语调表述：“不接受迟交的作业。”想象一下你自己是这两门课的学生：你打算向哪位老师求助？你觉得哪门课的老师关心你和你的学习？你更愿意随着哪门课的老师探索有挑战的学习旅程？

当手机开始进入大学校园以及我们的课堂时，我在教学大纲添加了一个表述，现在我意识到那是一个冰冷的表述：把手机收起来并关机！如果上课期间你的手机响了或震动，或者让我看到你在看手机或发信息，就算你当天缺勤。

呃……这样的表述不仅没有同情或共情，而且都用大写字母和感叹号来表明我坚决的态度。十几年后，我已经了解暖语言教学大纲的研究，对于课堂上使用科技的政策，我是这样写的开头：

> 现在我们都备受数码设备的挑战——包括笔记本、平板以及

手机——这些设备分分钟就让我们从当前环境分心。在这个班级，我们将采用这样的科技政策，意在支持你关注彼此以及课程材料。

然后是这样结尾的：

如果任何人觉得这个政策太挑战，请在周三上课前写邮件告知我。我一定会根据情况修改政策。我非常乐意这么做。如果你还有任何关于这个政策的疑虑或担心，也请让我知道。我想确保这个政策支持我们的学习，同时满足你作为学生的需求。

写这个新版的政策让我感到自己跟学生一起面对一个共同的挑战，而不是像监狱看守给违规者制定规则和后果。

作为你提升学生动力的最后一个举动，下个学期开始前先读一读你的教学大纲，仔细看大纲的语言语调。你在哪里看到冷语言？如何把它变得有温度？

## 准　则

利用以下三个基本准则指导你在课堂上使用的鼓励学生的策略以及指引你阅读这个对任何层次的教师来说都是最重要的话题。

**承认教室中的各种情绪**　教室里有各种情绪，这是你不能改变的事实。与其把它们看作消极的东西，不如看看积极的可能性。你可以讲讲故事、放些电影片段或图片、开开玩笑或做些其他事情迅速激发学生的情绪，让他们为学习做好准备。在整个课程期间或某节课开始、中间或即将结束时，你都可以利用情绪的作用提高学生的认知能力。

心理学家米歇尔·米勒在《在线的思想》中鼓励教师问自己以下两个问题："我教的课程内容的情感中心是什么？我如何向学生强调这一情感中心？"

**表现你的热情** 第一，在乎你教的课程内容。如果你自己对课程内容都不兴奋，也不怎么在乎这些内容，就更不用指望学生会在乎这些内容了。但是，如果你很在乎又不表现出来，他们也不会知道你有多么喜欢这些内容。第二，关心学生的学习。这就意味着你要承认他们是人类，而不是认知机器，一些非认知的因素可能会让他们分心。当学生表现得不尽如你意时，你在与他们交流的时候一定要考虑到这一点，不一定要改变你回复的内容，但回复的语气应该缓和一些。

**唤起学习目的** 我们都知道学生在我们课程的学习都有改善他们生活的潜能。学生如果能够写出感动读者的作文，那么他们几乎任何职业都能胜任，而且他们还能使用自己的写作技能在自己选的领域施展才能。然而在学期第七周周三早上的语法课，学生可能觉得抵达这个目的地的路径又长又看不见终点（而且说实话，有时对我来说也如此）。继续思考如何提醒学生他们学习的最终目的：首先改善自己的生活，但或许更重要的是，让世界变得更好。

### 即学即用小贴士：激发学生积极情绪速成模板

来上课的学生有不同的背景、爱好和学习动机，我们不可能让每个学生都爱上这门课，但通过一些简单的日常鼓励，我们可以增强学生学习的专注力，从而帮助他们学得更好。

- 每节课开始时先激发学生的情感：展示一些让他们好奇的东

西，讲个故事，给他们看一个令人震惊的事件或数据。抓住他们的注意力，让他们的大脑为学习做好准备。

- 想想这一领域的从业人员或你教给他们的技能会给世界带来怎样积极的变化，从课程的一开始就不断提醒他们通过学习也可以做出同样的改变。
- 利用黑板或时常口头提醒，让学生在学习的时候可以时刻看到某节课或某个学习活动的首要目的。
- 展现热情。表达出对这一学科、这篇课文、问题或单元的热情，也要表达出自己希望他们能和你一样有学习的热情。
- 早点去教室，花一些时间了解你的学生，了解他们的生活、兴趣，在教室里营造一种积极的社会氛围。
- 从你的教学大纲开始，让你课程文件的语言变得有温度。想象一下学生读着你教学大纲上面的课程政策：你对他们而言是否平易近人？他们需要帮助的时候你是否乐意帮忙？

## 小　结

### 正面情绪能提高学生认知能力

思考学生的情感以及情感在他们的学习中起到的作用，对我来说是有挑战的。我和萨拉·卡瓦纳合作了许多年，她的著作让这章的理论部分生动了起来，而且她曾经跟我说过跟学校同事的谈话产生了强烈的情感转变，她这么说时看到我的身体往回缩，似乎想消失。萨拉的这个观察是精准的；我总觉得自己在强烈的情感面前不自在，而且总体而言我对自己或他人的情感不是特别在意。每次参加教工大会或有人开始展现愤怒或绝望的情感，我都会很吃惊。我以为我们刚刚是在交流有意思的学术观点，然而与此同时有些情感显然在人们的评价底下酝酿冒泡——而我一点儿都没有觉察。

说了这么多是想说，很长一段时间我没太关注学生的情感——不是因为我不关心他们，而是因为我对情感本身就没太在意。然而忽略关于动力和情感的研究发现是不可能的。如果我们想成为有效的教师（我确实做到），那么多少都得关注班级的情感，我们自己的，还有学生的。我发现这么做和我的学生创立了更强的联结，而且我欢迎这样的改变。我对他们以及他们的生活有了更多的了解，更加惊叹他们的成就，我也感到自己对他们的学习更上心。即使你跟我一样一想到关注学生的情感就有点不自在，我可以确切地说，对于你教学工作的这部分——关注学生的情感——即使你只投入一点点时间和精力都会受益匪浅——对你和你的学生而言。

第九章

# 让学习与社会联结，拥有面向未来的技能

## 基于活动的学习、服务性学习、课堂游戏学习

在这本书里，我一直主张不用花太多时间和精力来为学生创造过于深刻的学习经历，轻教学范畴内的策略可以让你在明天的课堂上就收到成效。但我也明白，对于教学的学习和思考就好像打开潘多拉盒子一样，一些教师刚开始只是采用了提取练习、自我解释或激励成长型思维的语言等轻教学策略，后来就会想进一步探索，尝试一下勒布朗这些教师开创的一些途径。我自己的教学生涯轨迹就是这样，一开始，我只是为了一个很现实的原因开始阅读教学与学习方面的书籍：我想知道如何让沉默的学生更加活跃地参与到课堂讨论当中。在阅读中，我得到了一些好方法，但也发现，除了全班讨论之外，还有其他方式可以让学生参与到课堂学习中，最后我开始思考在课堂上举行讨论的目的。这些思考带来的问题引导我探索一些大型教学的方法，比如最近我在研究服务性学习，大家马上就会了解这种新型的学习了。

这里的重点是，虽然正如我在整本书中提出的想法一样，教学改革可以从小处着手，但它也可以进一步扩展。所以，这一章我们将会集中讲解扩展：扩展自己对学生课堂学习、课程设计和教学实践的想法。

2月一个寒冷的夜晚，刚刚过去的暴风雪让校园里到处都是厚厚的积雪，我匆匆走进一个坐着20多个学生的小教室。这是圣母升天学院卡里·勒布朗教授的高级营销课程，我是来观摩大型教学是怎么样的：大型的、具有革新性的课程类型，完全脱离传统大学教学模式，是与轻教学完全不同的模式。一上课，我就立刻感受到了像勒布朗这样支持大型教学的教授所使用的教学策略。这个课程每周一次两个半小时的讨论课，这是第二节课。勒布朗教授在第一堂课上向学生介绍了课程，并给了他们一份初拟的教学大纲，把学生分成小组，请每个小组在下次上课时发表意见，说说自己希望课程如何进行。其中两个小组的任务是修改课程计划，另一个小组的任务是看课程的考评形式，还有一个小组的任务是制定学生之间和学生与勒布朗之间交流的方式。我观摩的这节课上，勒布朗先向学生讲解了这个练习的目的："这节课我们讨论的目的是要在教学大纲的基础上建立一个综合性更强的课程，请学生来进行修改以提升他们的学习体验，并得到他们的认可和支持。"他后来提出，希望在课程结构的设置上，教师和学生分别可以负责80%和20%。他负责框架和主要决定，但希望学生至少能负责20%的结构。展示和讨论慢慢开始了，学生一开始并不太确定教师希望他们做什么，但课程进行到一小时的时候，讨论突然活跃起来。学生不仅想到了许多有关课程开展方式的想法，还提出了一些经过深思熟虑的、有意思的、智慧的建议，可以在勒布朗提供的整个框架内将学习效果最大化。

把对课程的支配权分一部分给学生是大型教学的一种形式，但与勒布朗课程中真正的大型教学比起来这是微不足道的。勒布朗的具体课程内容是小额信贷，小额信贷有多种形式，但最普遍的还是指为发展中经济体的个人提供小额商业贷款，以帮助他们通过建立自己的小企业来实现经济独立。小额信贷项目的对象是那些缺乏资金的个人，旨在增加发展中经济体的创业者自主权。这些项目提供的低利率贷款可能只有几百美元（甚至更少），但这笔钱可以用来购买基本用品。比如可以用这笔钱给一群妇女买缝纫机，她们就可以开始做衣服或缝补衣服了。过去的几年里，勒布朗教授一直在探索一种创新的方式来教学生小额信贷。勒布朗教授曾经是一位商业人士，参与过许多行业的创业与具体工作，他最终觉得，教学生小额信贷的最好方式就是让学生建立一个小额信贷项目。

由于赞助我们大学的宗教组织中，有许多成员生活和工作在一些发展中经济体，这使得这一令人兴奋的想法成为可能。勒布朗教授与在菲律宾的会众联系，请他们帮忙找到当地社区需要小额贷款的人，并请他们管理筹集来的贷款资金，而勒布朗班上的学生则是该项目的美方合作伙伴：他们会在我们学校或当地社区宣传推广这个小额贷款项目，帮助会众集资来为第一轮贷款提供资金，他们还要制定和规划贷款条款、利率以及整个项目的运筹与组织工作。最后，学生还要从菲律宾的贷款申请人中选出可以得到贷款的人。也就是说，学生会发起一项真实的小额信贷项目，并改变远在地球另一端的男人、女人和孩子的生活。在这一过程中，学生可以学习到什么是小额信贷，可以磨炼业务发展、市场营销以及人际沟通等技能，还可以建立一项事业。后者，勒布朗教授希望它可以长久发展下去。

这就是我所说的大型教学。让学生有机会给世界带来一些积极的变化，专心参与到现实世界的项目和活动中，并促使学生对课程组织及项目本身进行创造性的和整体的思考。美国甚至全世界几乎所有的高等教育机构中都有至少一两个教师在尝试这样的大型教学，他们不断对传统大学课程教学进行改革，为我们开辟新途径。如果仔细了解一下这些教师做的工作，你还会发现，他们花费了大量时间和精力来进行这些教学改革，而且这些项目通常都会有规定投放时间内的内部或外部拨款资助，或其他形式的财务或专业支持。我曾请勒布朗教授总结一下自己对于这门课程发展所付出的努力，将它写成一小段话发给我。但他发给了我一篇长达两页单倍行距的文档（对此，他感到很抱歉），讲述了建立整个课程的艰辛过程，从2013年课程的初步设想到2015年冬天他飞到菲律宾去拜访可能接受小额贷款的申请人。光是阅读他在整个过程中遇到的艰辛以及对成果的叙述就让人觉得筋疲力尽了。

## 教学模式及准则

因为以下每一种教学模式都是对教学法完全不同的探讨，所以每一个教学模式之后会直接讲到准则，而不是把准则单独列为最后一部分。

### 基于活动的学习

在哈佛大学的ABLConnect数据库（http://ablconncect.harvard.edu）中，大家可以获得许多大型（或小型）教学途径，这个优秀的数据库集合了许多关于高等教育教学法改革的研究、案例和想法。ABLConnect

将其可搜索数据库中的两种学习活动类型进行了区分：其中一种就是大家比较熟悉的主动学习，也是本书讲到的所有教学策略都会提到的一种学习活动；另一种叫做基于活动的学习，它是指将课堂学习与实地研究、公共服务、社区调查研究以及实习活动相结合。卡里·勒布朗教授的课程就是典型的基于活动的学习，这样的课程会找到一种与学科内容有某种联系的大型活动，学生需要学会课程中教师教的知识和技能才能完成这项活动。在勒布朗教授的课程中，创建和管理整个小额贷款项目就是这种大型活动。要完成这项活动，学生必须学习市场营销和商业发展原理，这些知识可以让他们明白如何为项目集资。要完成这一目标，他们要阅读大量课程知识，在课内外与商业发展的专业人士见面。这些专家会向学生传授专业知识，当然，他们还需要勒布朗教授的指导，勒布朗会在整个过程中指导他们，给一些反馈意见并评价他们的表现。勒布朗教授围绕整个活动构建了这一课程，而学生需要在活动过程中掌握该学科的核心知识及技能。

不过也不一定要整个学期都进行这种基于活动的学习。在我的创作型非小说课程中，这是一个高级写作研讨班，当讲到关于地点的写作这一单元时，课本上有一些游记作为范文，我让学生进行了为期大约一周的基于活动的学习。我把他们分为小组，让他们去游览校园中一些隐蔽的地方，也就是学生一般不会想到去的地方。他们把游览这些地方时做的记录带到课堂，然后全班同学一起用两次课的时间为校报写一篇关于校园中隐蔽地点的文章。我事先已经跟校报编辑联系好了发表事宜，所以学生从项目一开始就知道他们的作品会印制出来，而我们要在截止日期前完成。我们利用谷歌上共享文档的功能来合作完成这篇文章的写作，先由每个小组提交各自负责的部分，然后大家一起进行编辑修改，使其成为一篇行文流畅、风格一致的文章。我看到学生们在那两次课上表现出了十足的活力和兴趣，因此我对基于活动的学习的效果深信不疑，并开始思考如何在课堂上继续应用这种学习方式了。而创建这样的活动不需要花费多长时间，只需要我给校报编辑发一封邮件，然后花一些工夫来创建和管理谷歌文档，这些加起来也就占用了大约一周的课堂时间而已。

不管是勒布朗教授的课程，还是我自己这个更简洁的案例，有一个共同点就是这些活动让学生的学习超越课堂界限，进入更加广阔的公共空间：勒布朗的学生给真实社会的人们提供贷款，和学校本身没什么联系，而我的学生写的文章是要给全校师生看的。我的直观感受是，如果你设计的活动需要学生向社会大众展示他们的作品，这会让他们看到这一学科、课程与真实世界的联系，会激发更加广阔和具有公共意义的学习目标，从而提高学生的学习动力。然而，创建这样的公共联系并不是基于活动的学习的必要条件。你可以创建一个需要学生在整个课程的学习过程中去完成的活动，也可以是一个一次课就能完成的活动。ABLConnect网站上提到一个好例子，在俄克拉荷马大学关于古代中美洲文明的课程上进行过这样一个活动：在一次课上，教师要求学生用传统的方法（费力又费时）来制作玉米饼和热巧克力，让学生从这个活动中去了解古代文明在食物的采集和准备中面临的困难。学生制作的成品并不会流出课堂，克里斯蒂娜·沃瑞纳教师说："学生把他们的劳动成果全都吃掉了。"但他们喜欢这一活动，同时也从中学习到重要的一课："学生们很惊讶，原来要把玉米碾成粉这么难。同时这也帮助他们了解了古代中美洲的性别化劳动，当时妇女们每天要花好几个小时来碾玉米。"所以，基于活动的学习可以是这种小型的、内部的、一节课时的活动，也可以是创建菲律宾小额贷款项目这样的大型活动。

### *准　则*

对于基于活动的学习，这里要说一个简单快速的准则：在你教的这门课上，课堂之外的专业人士做的任何事情，或使用的任何知识和技能，你都可以拿来让学生采纳和实践。一些作家在为报纸和杂志写游记时，会运用基于地点的写作技巧；市场营销方面的专业人士常常会举办一些活动来让大众知悉并花钱购买他们的产品；一些人类学家会实地研究原始人真实的生存环境……这些方法，只要适合，你都可以让学生们试试。看看课外的东西，找找灵感，看看有什么是可以在课程中使用的。去看看ABLConnect网站，或者读读约翰·比恩的《参与思想：将课堂写作、批判思考与主动学习融为一体的专家指南》，上面有许多很好的案例，可以启发你对基于活动的学习的思考。

## 服务性学习

服务性学习与基于活动的学习有点像，我觉得越来越多的教师会考虑在课程中使用这种方法。越来越多的学生、家长和公众开始质疑我们这些还在实体校园教学的教师们：在这个信息互联的时代，传统大学的费用一路飙升，为什么还要让学生到校园来学习？比起花很少钱就能接受的网络教育或创意教育，在校园中的生活与学习究竟能带来什么好处？在我看来，这个问题的最佳答案之一就是通过大学校园，他们可以为自己所在的城市、地区甚至整个国际社会做出积极的贡献。大学教师、职工和学生一起组成了一个充满智力资本和青春活力的团体，这样的组合极有可能给世界带来一些积极的变化——不光是学生毕业以后，学生在校期间就可以做到这一点。当然，大学的主要目的还是教育学生，但如果在教育学生的同时还能给社会带来一些有价值的服务，何乐而不为呢？何况为社会提供有价值的服务很可能也是教育学生最有效的方式之一。前面我们已经讲过自我超越的目的对学生的学习有强大的激励作用，服务性学习就能激发学生在大学课程学习中的这种自我超越动机。

关于社会服务性学习的研究显示，以多种方式在社会服务中学习可以让学生受益良多。丹·布丁曾在《国际高等教育教学杂志》特刊的引言部分写了这样一段话，向我们展示了这种学习方法的潜在好处：

> 服务性学习把理论与实际、教室与社会联系起来，让学生在具体的、经过改良的活动中接触真实的社会，参与有意义的地方性或全球性事务。服务性学习可以增加年轻人的公民知识，让年轻人更多地参与政治，促使他们以开放的态度对待差异与不同，并使他们对课程内容有更好更深刻的理解……即使在服务性学习结束后，这些效果也会持续很久。

哪位教师不希望在教学中达到这些效果呢？到目前为止，我已经在两个课程中尝试了服务性学习，也见证了一些效果。当然，这个过程还不完美，因为在整个运筹与组织工作中，我还在摸着石头过河。这大概是任何一种大型教学活动的初始阶段都要面临的挑战，因此，许多想要尝试大型教学的教师们都望而却步了。在看到布丁描述的积极效果出现之前，你可能有一两个学期都是这样摸索着进行的。

但是，我看到了很好的效果，所以也愿意在这条路上继续走下去，并相信我们学校甚至全国的许多教师都和我一样有同样的想法。在课程中设计服务性学习时，有许多可用的模式，其中两种基本模式可以让你明白服务性学习通常需要具备哪些要素。但是，不管是哪种模式，服务性学习活动都要与课程的组成部分有联系，这样，学生在准备阶段、进行阶段及后期的分析阶段与反思阶段都能学习到知识并提高技能。第一种模式与基于活动的学习类似，都是让学生在课堂时间对某个大型事件或活动进行准备，两者的主要不同在于这个活动要服务于社会。比如，社区政治课程中的学生可能会在某个周末义务参加仁爱之家的工作，或者花一整天时间参加当地公园的清扫工作，而学习特殊教育课程的学生可能会与当地学校一起为残疾学生举办社区拓展活动和教育活动。在第二种模式中，教师会要求学生到当地一些组织中去完成一定时长的社区服务，把它作为课程的一部分，学生在整个学期中自行完成规定时长的服务。在这种模式下，社区政治课程的学生可能需要在当地组织中完成15个小时与课程相关的服务活动，学习教育的学生可能需要利用课余时间来完成一定时长的义务辅导课。

不管是在这两种情况下，还是任何类型的社区服务性学习中，最重要的一点是，课堂学习与课程评价都要与服务工作联系起来。服务工作不能只是课程内容的简单附加，而一定要与课程内容以某种实质的方式紧密联系起来。如果你想鼓励学生进行社区服务，就让他们去学校的地方性办公室看看能不能得到一些志愿服务的机会。如果你想利用社区服务性学习，你就要有意识地把它融入你的课程，提供一些机会让学生通过日志或课堂讨论的方式来分析和反思他们的服务，然后让他们以正式论文、演示文稿或其他方式呈现出来，最后由你对他们完成的任务进行评价。这样做的目的是让他们对一些社会组织以及它们所尝试解决的社会问题的相关资料进行阅读和研究。在社区服务性学习中，最核心的词汇是学习，所以一定要保证学习是课程的核心。只要遵循以上建议，就能让服务性学习成为可以启发和激励学生的第二项大型教学革新，而且它还能帮助学生、家长、政治家和广大民众看到大学存在的深刻意义。

### *准　则*

独自一个人建立一种服务性学习课程是一件几乎不可能的事情。随着服务性学习在高等教育中越来越流行开来，现在许多大学设置了专门的部门或人员来帮助教师进行运筹和组织，将学生与需要帮助的当地社区组织进行对接，所以，你可以试着与这些部门或人员合作。即便你们学校还没有设置这样的部门，也许你的同事当中，有一两位已经在尝试这种模式了。买杯咖啡，找找他们，在正式付诸实践之前听听他们的意见。另外，如果你想了解一些相关知识，可以去看看《服务性学习基础知识：问题，回答及经验教训》（*Service Learning Essentials: Questions, Answers, and Lessons Learning*），这本书详细介绍了你会面临的机遇与挑战。

## 课堂游戏学习

20世纪90年代中期，马克·卡内斯在巴纳德学院教历史，大家都说他教得很好。一次学期末的最后一堂课上，他想让学生讨论柏拉图的《理想国》，大家却提不起兴趣，于是他觉得自己的课上是不是少了什么。他在《活跃的思维：角色扮演游戏可以改变大学课堂》中讲述了自己的故事，那次课程结束后，他心想："一个星期以后，这个学期就要结束了，同学们也要结束这门课的学习了，可这门课有没有对他们或我自己带来些什么呢？"寒假之后，他给那个班的学生发了邮件，请他们到他的办公室来，他希望这些学生可以帮助他弄明白课堂上到底缺少了什么火花，怎样才能激发更活跃的讨论和更多学生的踊跃参与。一个学生困惑地表示卡内斯的课是她这学期最喜欢的课，卡内斯无奈地回应说："可是你们都觉得很无聊，我也觉得很无聊，你们都可以感受到教室里的沉闷啊！"而这位女生的回应让卡内斯震惊："可是所有的课程都很无聊啊，你的课程已经算是好的了。"那次谈话之后，卡内斯在接下来的几年里开发了一种革新性的高等教育教学方法——回应历史教学法。由卡内斯在课堂实验中开发出的这一教学法迅速传遍了美国的大学校园，目前已有300多所院校的教师在课程中使用回应历史的游戏。

在回应历史教学法中，学生参与角色扮演的游戏，扮演人类历史上重要时刻和过渡期中的历史人物，在教师的注视下，演出他们自己版本的历史事件并得出最终结论。比如，英国宣布要退出印度这个被他们殖民统治了几百年的国家时，一些政党在印度独立过程中起了重要作用，学生可以去扮演这些不同政党的角色。而在法国大革命后，不同的派系争相制定法国宪法，学生们也可以扮演这些不同派系的角色。通过阅读大量相关出版资料和使用这种游戏的指导书，学生们可以为扮演好这些复杂历史环境下的角色做好准备。许多学生对游戏的态度都非常认真，以至于他们在指导书之外还做了大量的延伸阅读。虽然近期回应历史教学法协会主要设计的都是一些简单、关于单章内容的游戏，基本只需要一周甚至一节课就能完成，但这样的游戏其实可以持续3—6周，也就是说，一个学期可以进行两次。

这种游戏有一个显著特征，游戏中演出的“历史”是开放的，所有的历史背景和资料都是真实的，但游戏中的演出不一定要与真实历史一致。学生们在游戏中相互竞争，要让游戏结果朝自己的方向发展。举个例子，在印度刚从英国殖民统治中独立出来的那个游戏中，一些学生希望建立一个统一的印度，一些学生则希望把印度分为印度教州与穆斯林州，另一些学生则有更加非主流的想法。教师会给每位学生一张角色记录单，上面详细描述了他们的角色（通常是真实的历史人物，但有时也会用一些想象或融合的人物）和他们要赢得游戏必须实现的目标。比如，印度教民族主义者要想赢得比赛，就要说服他的印度同胞支持在英国撤离后建立一个统一的印度；而穆斯林民族主义者要想赢得比赛，就要说服大家支持穆斯林州独立。在学生通过大量阅读和研究为角色做好准备以后，他们就会在课堂上进行演讲、开展政治活动、策划，以及其他任何可以帮助他们实现目标的活动。教师只用在旁边进行观察、评估，偶尔（极少情况下）干预以保证游戏朝正确的方向发展，并根据学生做的书面与口头材料来打分，比如学生写的演讲稿和在课堂上做的口头演讲。

回应历史教学法协会每年会举办一次会议，对这一教学法感兴趣或正在实施这一教学法的教师都可以参加会议，学习如何用游戏教学、了解新开发出来的游戏活动，以及相互分享教学思想与策略。我参加过一次这样的会议，以学生的角色进行了一个为期两天的游戏，毫无疑问这是我人生中最兴奋、最精彩的经历之一。不管怎样，竞争对人类来说都是一种激励，而且这些游戏都是以激动人心的历史事件为中心的，它能让学生对影响深远而广泛的人类经历进行阅读和辩论。库尔特·斯夸尔是威斯康星大学的数字媒体课程教授，也是游戏教学的研究者。那次会议结束后，我和他交谈了一会儿，想了解他们如何设计出我在会议上经历的那种深入学习。斯夸尔告诉我："游戏是一种很好的教学模式，它们把相关事件与知识进行关联，并让学生明白其中的相关性，从而既可以用来引入话题，又能提高学生的学习兴趣。"游戏为学生建立了一些目标，而参与者只有通过学习与运用课程知识才能达到这些目标。（还记得我们讲过的目标与目的对学习的重要性吧。）我们总是花好几周的时间来向学生讲解课程知识，而到了学期末，我们总希望让学生明白他们学的内容与课堂外的事物也是相关的。而在模拟游戏中，学生们会马上明白，所有的内容都可以帮助他们实现目标。尽管回应历史游戏中的赢家并不会得到什么实质性的奖励——许多教师会给赢家一些加分，但总的来说，成绩还是取决于个人付出的努力——游戏的竞争性就足以激发学生的兴趣和努力。

正如我在本书序言部分说过的那样，要使用回应历史教学法，教师需要在一开始投入大量的时间和精力来了解如何实施和利用这些游戏，在这个层面上来说，这是一种大型的教学活动。但是，并不是说这种教学方法对于教学时间有限的课堂来说无法实施。在可行的时间范围内，任何教师都可以通过多种形式将模拟游戏融入课堂——或者网络教学和作业中。斯夸尔在威斯康星大学建立了一个将游戏、学习与社会结合的研究所，一些想更清楚了解如何将游戏与模拟活动穿插到学习活动中的教师，或者想进一步探索这些游戏在教学中的应用的教师，都可以从这里获得很好的资源。大家也可以浏览回应历史教学法协会的网站（http://reacting.barnard.edu/），这里有多种回应历史的游戏供大家参考。如果你想在课堂教学中尝试使用游戏和模拟活动这种大型教学方法的话，可以先通过以上两种方法来了解并思考其他的可能性。

### 准 则

由于回应历史教学法到目前为止已经有差不多20年的历史了，并且已经有几百名来自研究型大学或社区学院等不同背景的教师实践过这些公开的游戏活动，所以对你们来说，尝试这种方法的最简单方式就是看看协会网站上有没有在你的课程上可以使用的游戏活动。如果没有，通过一些基础研究，任何学科的教师都可以设计出一些模拟活动。一些活动可能需要你（或你的学生）花点钱，比如“虚拟老鼠嗅嗅”（*Sniffy the Virtual Rat*），这个活动可以给心理学学生提供虚拟的实验室经历；另外一些活动是免费的，比如“预算英雄”（*Budget Hero*），这个活动能让学生掌握联邦预算的复杂过程。简而言之，这样的活动很多都是现成的，不用你去花费心思自己设计。想了解回应历史教学法，先去看看卡内斯的《活跃的思维》吧，还可以参加每年6月在纽约巴纳德学院举办的会议。

## 小 结

### 如何将教学细节设计融入课内外学习

在这一章的结束部分，我想给大家讲讲我在观摩勒布朗教授的小额贷款课程中看到的一段交流。大家应该还记得，勒布朗教授在课堂上让学生给教学大纲（包括评价和打分机制）提修改意见。当轮到负责批判打分机制的小组来提意见时，他们提出调整不同考评活动的分数比重，比如自我反思的论文或课程参与度。沿着这一思路，他们提出的具体建议之一就是减少两次大考（期中和期末考试）在总成绩中所占的比重。一些学生纷纷举手响应这一提议，他们说，这门课程根本就不需要考试。一位学生说："这样的课程更多的是培养大家的创造力和告诉我们如何做这样的项目，而不是对知识点的记忆。"然后又有几个同学表达了类似的观点，这期间我一直忍住没说话，终于，一名之前一直很沉默的学生说道："但是，事实上我们也许需要这些考试和测验来帮助我们确保对知识有充分的了解。毕竟，如果我们和一群捐赠者会面，他们问到关于小额贷款的操作问题，我们要能回答得上来才行。我们必须了解这些知识，考试和测验可以帮助每位同学确保自己学会了应该学会的知识。"

正是如此！

正如这位思维敏锐的学生所说，即使是进行大型教学的教师，也要在使用有创意的课程设计启发学生的同时考虑使用轻教学策略，帮助学生掌握课程的基本知识。当我最初把这本书稿给同事看时，大家基本都能接受这一思想，还进行了一些讨论，最后，一位女教师非常不同意地说："轻教学对我来说是不够的，我希望教育教学中出现一些大的改变。"我的回答可能令她惊讶，我说：我喜欢大的改变。勒布朗和卡内斯这些教师在教学上的努力帮助我们开辟了教育教学的新道路，能为学生带来有效且记忆深刻的学习经历。而这位教师的错误在于，她认为轻教学会妨碍大型教学，甚至与大型教学冲突。但事实上，我想说，不管是传统的讲课，还是我们可以想象到的最具革新性的教学环境，这本书里推荐的轻教学策略完全可以运用到任何一个普通课堂的教学与学习中。使用常规教学方法的课程可以受益于轻教学策略，像勒布朗教授开设的课程那样，而使用服务性学习和游戏及模拟活动的课程同样也可以受益于轻教学方法。

而且如果我们想让一位教师考虑大型教学的话，最好的办法往往是先帮助他带来一些小的改变。你们一定像我一样，都觉得勒布朗教授这样的课程有趣且有发展前景，但可能当你想到用这种革新性的方法来教学时，却不明白这种革新在完成自己的教学任务中——教学生技能、讲授一些知识，让学生为这次或以后的考试做好准备——究竟能起到什么作用，你会感到望而却步。不要失去信心，勒布朗教授，还有任何一位进行大型教学的教师，都曾经像你一样害怕。不论你希望在教学上做出怎样的改变，是想使你的讲课更有生气、提高学生讨论的参与度、组织更好的小组活动、让学生参与教学大纲的编写，还是为马尼拉农村地区的未来企业家提供贷款，你都可以一小步一小步地慢慢改变，最终实现目标。

第十章

# 教师也需要持续学习

## 从文献查找相关研究资料所受到的启发

读研究生的最后一年，我找了一份兼职来补助我的生活费。我读研期间大都在二手书店干活（结果是在二手书店干活并没有坐在柜台后面、腿上卧着一只猫这么悠闲），但妻子和我后来搬到一个新公寓，到这家20世纪90年代末的二手书店干活需要每天通勤30—40分钟，如此就不值当了。我看到校园卓越教学中心张贴的一则广告，招聘一个研究生助教，看起来工作的时间正好适合我。我不了解卓越教学中心，但我投了申请表，然后去面试。那时肯·贝恩担任中心主任；他是一位历史学家，写了很有影响力的作品——那时候他刚开始酝酿筹备写书——包括《最好的大学老师都做了什么》以及《最好的大学生都做了什么》。这两本畅销书向读者解说高度成功的教师和学生的习惯与实践。肯和我聊得不错，他给了我一份工作。我的任务是协助发展研究生项目，帮助肯继续开展他一直在做的研究《最好的大学老师都做了什么》，并且在教学中心担任事务总管，只要有项目需要我们关注就协助他们。我非常享受这份工作，所以隔年我完成博士论文之后，就应聘了主任助理这个职位，而且在接下来的3年都担任这个职务。

肯为我做的两件事引导我关注高等教育的教学研究：一件是具体的，另一件比较笼统。我入职后肯做的具体事情是，他指着教学中心的书架和文件柜跟我说，所有这些都是关于教学的专著和文章，“花一些时间，探索这些书。读一些与你感兴趣的科目相关的材料”。那时教课的我还是研究生，绞尽脑汁让学生积极参加所学文学作品的有意义的讨论，因此我立马找出跟讨论类教学有关的文章。从那个时刻起，我养成一个习惯，每次遇到教学问题，我会从文献查找相关研究资料开始找解决方法。

肯除了邀请我探索教学类研究资料之外，他还做了一些更实质性的事情。不管是在他关于教师发展的途径，在他写的书和发表的讲话中，还是他在这个领域所做的一切，他向我以及他的读者传递了一个根本的想法，这让我的事业从那以后生动了起来：帮助另外一个人学习是一件令人着迷的挑战，值得我们深入探索，同时也是我们在自己的学科需要探寻的问题。看起来可能有点奇怪，因为我从来没有想过这些。我总是走进教室，想着自己该怎么教。我从未想过我实际的工作是帮助人们学习。当然，一旦你的思想发生转变，问题如同雪崩一样紧随而来。人们如何学习？当我们学习的时候大脑发生了什么？学习为何有时失败、有时成功？我们学过的内容为何有些记得、有些却忘了？是什么鼓舞了人们学习，是什么让他们对学习不感兴趣？就像在每个学术领域，随着你的探索，诸如这样的问题拓展、转变以及增倍，而我自己也一直回头找高等教育的教学研究资料，思考如何解决在我的课堂遇见的最新问题。

这最后一章，完全为修订新添的，我们的关注点转向学习——你自己而不是你学生的学习。我希望你读这本书意味着在对如何帮助他人学习感兴趣之外，你也想在这个迅速发展的学术领域作为学生继续你的学习旅程。我不是随意用“迅速发展”这个词——在过去的几十年，许多新文章、专著和其他关于高等教育教学的资源层出不穷。每个作者都想让你相信他们讨论的话题告诉你优秀教学的关键，而且由于你在教学研究文献中发现诸多教学途径和实践提示，你会感到不知所措。

## 助力教学活动的专业学习，以及提高个人素养的终身学习

我希望不需要太多言语来说服作为老师你仍然应该继续学习——如果你不相信这一点，那么你就不会读这本书。因此，我将简洁地说清让我一生致力于高等教育教学研究的三个主要原因。

首先，我们的学生总在变化。这体现在微观和宏观层面。有时我连续教同一门课的平行班，这时发现自己精心的备课在一个班级令人惊奇地成功，在另外一个班级却令人沮丧地失败了。每个学习社区的学生都有自己的个性，需要我们不断地对教学进行小幅调整。但随着我们的校园和课堂对日益多样化的学生群体开放，我们的学生在整个高等教育过程中也在不断变化。大学里除了非裔和西语裔学生人数增多（美国教育部，2019），我们也在大学遇见越来越多的一代生（家里第一个上大学的学生），身体和精神面临挑战的学生，来自不同社会经济范畴的学生。所有这些极好的趋势让高等教育变成一个真正树人的企业。但学生群体的这些变化意味着我们得做这样的工作：欢迎这些

学生来到校园，和他们构建社区，帮助他们感受归属感，理解他们带到课程来的知识和经验，以及找出能够最大限度帮助他们在大学构建自我并成长的教学材料。我在第七章提及的包容性教学代表着针对不断变化的学生群体，我们应该持续持有的成长型思维方式。我们每年都要问自己这个问题：我们如何教正在学习我们课程的学生，而不是5年或10年前的学生？这个问题将鼓舞我们继续学习。

其次，如同我们对每个学术领域的理解，我们对学习中的大脑的理解继续成长、发展。神经科学家和认知心理学家关于大脑的一些新发现对教师而言有清楚的隐含义。很长一段时间，大脑研究和教育实践似乎在各自独立的范围内运作。然而，在过去的几十年，关于学习和大脑的研究，该领域的学者或像我这样的合成者已经为一线教师把相关研究转换成可以接触的形式。我确实把教学视为艺术和技艺，所以我的人文情怀有时听到“按照习俗”（我们的教学方法必须“基于证据”）这样的短语而畏缩。教学不是一个机械的过程，在具体的教学语境中，我们不能总是将理论套用于实践。我们需要创造力和实验。不过，我们创造并实验的时候，应该对人类学习的过程有基本的理解，并进一步迭代进化，我们应该尽最大的努力保持在最重要发展的顶端，了解关于学习的最新研究及其对教学的赋能。

最后，从事教学几十年需要定期注入新能量以及热情。在过去的20年，我教了许多轮英语作文和文学导论。通常一门课教了几轮之后，我已经牢固掌握奏效的教学方法，基本上都可以这样教下去。但这么做会逐渐消褪我对这些课程的热情，而且毫无疑问如果我的热情受到侵蚀将会对学生产生涟漪反应。所以，我会每学期做两到三个改变，即使我知道其中某个改变会失败，最后还是用以前的方式教，但这些改变让我投入其中。我的精力更充沛，我变得更好奇，尝试新事物的时候会投入更多时间。当这些新事物进展顺利的时候，我想再次尝试；当尝试失败的时候，我想找出原因。在这两种情境中，我正在学习有关教学和我的学生的新事物——而且，我想你跟我一样，学习新事物是人生乐趣之一。因此，当我们为了自己的职业满足感和热情对自己的教学做出小的、持续的改变时，我们不用为此感到抱歉。作为老师，我越感到满足和满腔热忱，我越是把自己最好的一面带到课堂，而这一面最可能让我学生的人生与众不同。

## 小 结

### 如何教正在学习我们课程的学生，而不是5年或10年前的学生

专著、专业出版社的专业图书、网络资源，以及专家学者和一线教师的播客、短视频、社交媒体等，都是我信赖的向导，指引我做出各种小的、持续进展的改变，让我过去20年的教学都充满活力，而且我希望将会继续鼓舞我后面的教学岁月。当然，我更希望你也把自己的专业学习或阅读经验分享给大家。

CONCLUSION

# 结 语

# 教学细节的小改变带来大回报

这本书的最终目标是让你相信自己可以通过一些日常的小决策为学生创造有效的学习，比如课程设计、课堂活动的参与、和学生的交流以及解决难题。即使你发现书中提及的任何一个策略你都用不上，我仍然希望你相信，微小的举动能带来巨大的改变。如果你是一名教师，那么可以试着把书中提到的教学模式和准则运用到自己的课程中；如果它们都不适用，你也可以通过它们获得一些灵感，创造出你自己的轻教学策略。想办法衡量这些方法实践后产生的效果，这样你才能知道如何进一步完善这些方法，如果没有效果就可以放弃这些方法。安吉洛写的《课堂评价技巧》如今已成为经典（而且在今天看来仍是一本好书），你可以看看这本书，从中找到许多衡量学习效果和某种教学手段是否有效的好方法。你也可以在期中快速调查效果，或在课程结束后通过测评衡量效果。在琳达·尼尔森的《最佳教学模式的选择与过程控制》一书中，有一个章节很好地概括了记录和衡量教学效果的方法。

但其实最能帮助你尝试新教学方法并衡量其效果的资源可能就在你的校园里，比如卓越教学中心、教学与学习中心或任何其他类似的机构。如果你告诉他们想在课程中尝试用新方法促进学生的学习，他们会非常兴奋。他们在新教学方法的实践与教学效果的衡量上有丰富的经验，他们也会非常乐意全程给你提供帮助。如果你是一名专门研究教师发展的学者，希望你可以用轻教学的框架召集广大教师，和他们一起集思广益，看看有什么新方法能促进学生的学习。你们学校的教师目前面临哪些共同的难题？小小的想法是否如同轻教学一样帮助大家想到解决问题的新方法？

而眼下，你可能明天一早就有课，或者至少下周有课。想想下次课程开始时的5分钟怎么安排。你可以让学生做一些提取练习，问一些与上次课程或你布置的阅读任务相关的问题，请他们进行口头或书面回答；你也可以在课程一开始的小演讲中提出一个问题，请他们推测问题的答案，以此帮助他们为这节课的学习做好准备；或者放一张有意思的图片，引起学生们的好奇心；又或者你这节课有大量内容要讲，但请不要直奔主题，先讲个故事或提个问题，这样可以吸引学生的注意力，让他们在你给出答案之前自己先思考答案；你还可以提前5分钟去课堂，和这学期课堂上比较沉默的学生进行一些随意的讨论，让他从中受益。

你还可以想想在下学期的课堂上，如何使用这些轻教学策略。如何在开学第一课运用预测与预先测验的理论开展活动，激活学生的已有知识，让他们为学习做好准备？如何利用分散式学习与交错式学习让学生不断回顾学过的内容？当学生练习考试中将会测试到的技能时，如何请他们进行自我解释？在进行简短论述练习时，如何进行合理的设计以囊括尽可能多的学习内容？又该如何设计与学生的书面交流？能不能修改一下教学大纲，在里面加入一些可以帮助学生成功学好这门课的建议？能不能注意一下给学生提供反馈意见时的用语，以确保你说的话有助于培养学生的成长型思维？如何让学生了解你所在领域的从业人员给世界带来了怎样的改变，而他们有一天也可以让世界变得更好？

最后，不管到目前为止你当老师的时间有多长，你的教学生涯还在继续。在未来的二三十年内，你可能还要不断探索和实验轻教学策略，而且可能会不断发现新的方法。经过一段时间的探索和实验后，或许你会意识到入门课和概论课的学生更需要提取练习和鼓励性的谈话，而高级研讨班里的学生更需要知识间的关联和学会解说所学内容。或许你被有关学习的关联性描述吸引，现在你想研读我在书中提到并推荐的那些作品，或者你想更进一步探索一下服务性学习和回应历史等其他一些教学方法。如果这本书对你有更深刻的启发，除了阅读研究教育教学与学习的相关文献之外，你可能还会召集一群同事，分享轻教学的好想法，互通有无。心有多大，教学就有多精彩。

最重要的是，明天一早的课堂，你打算如何开启新的教学篇章呢？

# 致　谢

首先，我要感谢麦克 · 兰德和莎拉 · 卡瓦纳，每月与他们进行的作家小组会议期间，他们对这本书（第一版和第二版）每一章的内容都提出非常有用和宝贵的反馈意见。麦克和莎拉对这本书非常感兴趣，完美地充当了资深读者，尽一切可能让这本书更好。还要特别感谢莎拉，作为心理学专家，她不仅帮我避免误用心理学术语和理论，还给我提供大量专业文章，让我的研究更加言之有物。

本书第一版的写作与修改过程中，我在众多学校展示了书中的研究，并测试这一研究对教师的适用程度。因此，我要感谢加拿大奥兹学院、美国米塞里科迪亚大学、里吉斯学院、丹佛大学、费舍尔学院、佛罗里达理工学院、约旦国王中学、加拿大麦科文大学、印第安纳州立大学、莱斯大学德兰格会议、得克萨斯大学圣安东尼奥健康科学中心、巴克内尔大学、佐治亚理工学院、哥伦比亚州立社区学院研讨会的主办方和参与者。同时也感谢全球多家机构，在本书第一版出版之后，邀请我和他们的职员分享新版本的想法。他们给我提供一个平台欢迎收集反馈并继续为这本书的修订精进理论与模式。

在新奥尔良参加教学会议期间，我遇见了大卫 · 布莱曼，由此萌发写这本书的想法。在写作的构思和计划阶段，大卫为我提供了许多指导，他对高等教育与优秀书籍出版事业的追求让他成为一名完美的编辑。彼得 · 高根和康纳 · 奥布莱恩也对本项目付出许多，尤其要感谢康纳为这本书第一稿做的建设性批注。艾米 · 范德烈为本书的第二版提供了建议并护送着它诞生，我对她也很感激。

圣母升天学院的许多同事，包括教师和行政人员，都非常支持我的工作。我也感谢学院批准我两次学术假，让我能够完成这本书的第一版，以及6年后的修订。

本书第一版绝大部分的内容完成于马萨诸塞州伍斯特市的咖啡馆。感谢这里的绿茶，关于这个故事你可以在第二章进一步了解。绿茶似乎对我的写作很有帮助。由于新冠疫情，本书的修订大部分在家里完成。感谢大卫茶让我的习惯得以满足。

我们一家人都是教师，这一定是因为我和家人都具有成为教师的基因。我的姐姐佩琪是芝加哥一所城市学校的校长兼教师，我不断从她那里获得灵感。我从小和哥哥托尼住在一个房间，跟随他的步伐，一步步成长为学生、老师、作家和一个真正的男子汉。我母亲是家里的第一位教师，而我父亲直至今天还一直教导我。

我要把这本书献给我的孩子们。在观察他们学习经历的过程中，我对学习的思考大大丰富了，因此，感谢他们在课内外展现对学习的热情。

我的妻子安妮是一名幼儿园教师，我对教育的大量思考源自与她的交谈。在本书第一版写作期间，有一段时间我每周五上午都去她的幼儿园义务教学，而本书修订的时候正逢疫情，我在家里的餐厅一整天都能听到她如何远程教幼儿园的孩子。观察、聆听妻子的教学不断提醒我教育这个职业的巨大价值和众多教师为学生们作出的无私奉献，这些让我在写作过程中不断得到新的灵感。

所以，最后，我要对安妮致以最衷心的感谢，感谢她为我做的一切。

# 英国“以学生需求为中心”的
# 课堂管理 / 教学法系列

风靡全球教育界的“五彩书” | 深受200多万教师推崇和追捧

[英] 罗博 · 普莱文 著

7天成功的课堂管理，
让教与学直接“变现”

第一分钟抓住注意力，
无聊课堂变“欢乐天堂”

助力小组合作，
掌握持久、可迁移的理解式学习

专治“问题学生”，
课堂管理“行为工具包”

让每1次对话都积极、
互动、有意义，
管理有成效

从备课开始，
到上课、说课、做课，
做一个魔法教师